Cláudio Vieira Oliveira
Ângela Lühmann

Aprenda Lógica de Programação e Algoritmos

com implementações em
Portugol, Scratch, C,
Java, C# e Python

Aprenda Lógica de Programação e Algoritmos com implementações em Portugol, Scratch, C, Java, C# e Python
Copyright© Editora Ciência Moderna Ltda., 2016

Todos os direitos para a língua portuguesa reservados pela EDITORA CIÊNCIA MODERNA LTDA.
De acordo com a Lei 9.610, de 19/2/1998, nenhuma parte deste livro poderá ser reproduzida, transmitida e gravada, por qualquer meio eletrônico, mecânico, por fotocópia e outros, sem a prévia autorização, por escrito, da Editora.

Editor: Paulo André P. Marques
Produção Editorial: Dilene Sandes Pessanha
Capa: Daniel Jara
Diagramação: Aline Vieira Marques
Copidesque: Aline Vieira Marques

Várias **Marcas Re gistradas** aparecem no decorrer deste livro. Mais do que simplesmente listar esses nomes e informar quem possui seus direitos de exploração, ou ainda imprimir os logotipos das mesmas, o editor declara estar utilizando tais nomes apenas para fins editoriais, em benefício exclusivo do dono da Marca Registrada, sem intenção de infringir as regras de sua utilização. Qualquer semelhança em nomes próprios e acontecimentos será mera coincidência.

FICHA CATALOGRÁFICA

OLIVEIRA, Cláudio Luís Vieira; LÜHMANN, Ângela Cristina de Oliveira.

Aprenda Lógica de Programação e Algoritmos com implementações em Portugol, Scratch, C, Java, C# e Python

Rio de Janeiro: Editora Ciência Moderna Ltda., 2016.

1. Programação de Computador – Programas e Dados
I — Título

ISBN: 978-85-399-0779-3   CDD 005

Editora Ciência Moderna Ltda.
R. Alice Figueiredo, 46 – Riachuelo
Rio de Janeiro, RJ – Brasil   CEP: 20.950-150
Tel: (21) 2201-6662/ Fax: (21) 2201-6896
E-mail: LCM@LCM.COM.BR
WWW.LCM.COM.BR

Agradecimentos

Aos meus pais, Maria Creyde e Manoel, que sempre acreditaram no "poder" da educação e dos livros.

À minha esposa Claudia, meu porto seguro, minha inspiração e companheira inseparável.

À Franciele, minha filha, com todo meu amor.

À amiga Ângela, por mais de uma década de convivência profissional e pelas inúmeras experiências acadêmicas compartilhadas.

(Cláudio Vieira Oliveira)

Agradeço especialmente ao Cláudio, dentre tantas outras coisas, por me incentivar e proporcionar tantas oportunidades.

Também agradeço à minha mãe, a Professora Nilce Bortoloti, por ter me mostrado com suas ações a importância da educação e da dedicação.

Ao Cássio, meu marido, por viver ao meu lado a mais empolgante das aventuras que é a vida!

(Ângela Lühmann)

Sobre os Autores

Cláudio Luís Vieira Oliveira

Mestre em Sistemas de Computação pela Pontifícia Universidade Católica de Campinas (2005) e graduado em Análise de Sistemas pela Universidade Metodista de Piracicaba (1990). Apresenta larga experiência na área de Ciência da Computação, com ênfase em Sistemas de Computação, atuando principalmente nos seguintes temas: sistemas de bancos de dados, linguagens de programação Java, C++, C#, programação para a web (HTML, XML, ASP, PHP, JSP e Servlets), plataforma .NET, desenvolvimento de aplicações para dispositivos móveis, redes de computadores, sistemas distribuídos, arquitetura orientada a serviços, agentes inteligentes, redes neurais artificiais e sistemas tutores inteligentes. Coordenador de Curso e Docente da Faculdade de Tecnologia de Jundiaí (FATEC) e docente na Faculdade de Tecnologia de Bragança Paulista (FATEC).

Ângela Cristina de Oliveira Lühmann

Mestre em Ciência da Computação pela Universidade Estadual de Campinas (2003) e graduada em Análise de Sistemas pela Universidade São Francisco (1997). Possui ampla experiência profissional atuando como Analista de Sistemas, principalmente em Análise e Projeto de Sistemas, também em implantação e suporte de Sistemas Integrados de Gestão Empresarial. Atuou na Faculdade Anhanguera de Jundiaí como Coordenadora Pedagógica dos cursos de Ciência da Computação e Tecnologia em Análise e Desenvolvimento de Sistemas.

Atualmente é professora da Faculdade de Tecnologia de Jundiaí. Áreas de Pesquisa: Sistemas de Informação e Engenharia de Software com ênfase em Análise e Projeto de Sistemas, Testes de Software e Interação Humano-Computador.

Introdução

Adotando uma abordagem bastante simplificada, podemos definir que um computador consiste em um equipamento que permite o processamento de dados. Qualquer programa desenvolvido, independente da sua complexidade, sempre irá conter um conjunto de dados de entrada, realizar algum tipo de processamento (transformação) desses dados, produzindo um conjunto de dados de saída, conforme podemos observar na Figura A.

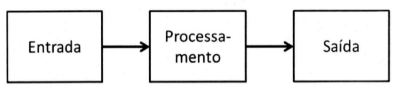

Figura A: Processamento de dados

Dentro desta visão, quando pensamos na construção de programas, basicamente devemos considerar os seguintes passos para a resolução computacional de problemas:

1. Entendimento do problema;
2. Criação de uma sequência de operações (algoritmo) que permitem a solução do problema;
3. Codificação (implementação) e execução desta sequência;
4. Verificação (teste) da adequação da solução.

Na Figura B podemos observar que o desenvolvimento de um programa passa por duas fases distintas. Na primeira, busca-se a solução do problema a partir de um conjunto ordenado de passos, ao final desta fase temos a solução algorítmica.

A segunda fase consiste em realizar o desenvolvimento do programa em si utilizando, para essa finalidade, uma linguagem de programação.

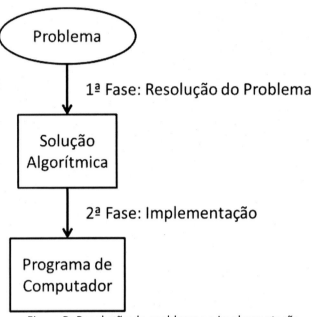

Figura B: Resolução de problemas e implementação

O Capítulo 1 deste livro irá focar nos conceitos necessários para resolução de problemas de modo a obtermos uma solução algorítmica, para isso, serão aplicados os conceitos de fluxogramas, pseudolinguagem (Portugol) e Scratch. Além de ensinar a utilização destas técnicas, outro objetivo deste capítulo é o desenvolvimento do raciocínio lógico.

A partir do Capítulo 2 temos a implementação da solução algorítmica, em uma das linguagens de programação abordadas nesta obra, ou seja, abordaremos a criação de programas de computador. No Capítulo 2 iremos apresentar a Linguagem C que é uma linguagem de programação estruturada, altamente portável e modularizada. Apresenta também uma sintaxe muito simples e com poucos comandos, fatores estes, que a tornam o seu aprendizado bastante simples.

O Capítulo 3 aborda Java que consiste em uma linguagem de programação orientada a objetos, sendo amplamente utilizada para o desenvolvimento dos mais variados tipos de aplicações. É bastante concisa e simples, com sua sintaxe apresentando muitos comandos similares a linguagem C. É altamente portável e suas aplicações são robustas e seguras.

No Capítulo 4 você encontrará a Linguagem de Programação C#, também orientada a objetos e largamente utilizada para o desenvolvimento de diversos tipos de programas. Em termos de estrutura e sintaxe apresenta muitas características similares à linguagem Java.

A linguagem Python é o tema do Capítulo 5. Ela possui uma estrutura bastante simples e minimalista, fatores que tornam o seu aprendizado extremamente fácil.

Visando proporcionar um melhor aproveitamento didático desta obra, sugerimos ao leitor focar inicialmente os seus estudos no Capítulo 1, resolvendo por meio das técnicas apresentadas (fluxograma e pseudolinguagem) os exercícios propostos. Em seguida, deverá concentrar a sua aprendizagem em uma das linguagens apresentadas, sendo que no respectivo capítulo, encontrará os mesmos exercícios já desenvolvidos anteriormente no Capítulo 1 e que deverão ser implementados, neste momento, na linguagem de programação escolhida.

Posteriormente, após concluir os seus estudos em uma das linguagens de programação, o leitor poderá abordar uma das outras linguagens que são apresentadas neste livro e assim sucessivamente, conforme as prioridades e o interesse do leitor.

Sumário

Capítulo 1 - Lógica de Programação e Algoritmos 1

1.1. Lógica de Programação 1

1.2. Algoritmo 5

1.3. Representação e Armazenamento de Dados 7

1.4. Formas de Representação de Algoritmos 11

1.5. Operadores 20

1.6. Portugol Studio 29

1.7. Scratch 33

1.8. Estrutura Sequencial 36

1.9. Estruturas de Seleção 43

1.10. Estruturas de Repetição 65

1.11. Vetores e Matrizes 79

1.12. Funções 94

1.13. Estruturas, Registros e Campos 108

1.14. Linguagens de Programação 113

1.15. Paradigmas de Linguagens de Programação 121

Capítulo 2 - A Linguagem de Programação C 127

2.1. Visão Geral 127

2.2. Ambientes de Desenvolvimento 127

2.3. Desenvolvimento Utilizando o NetBeans 128

2.4. Desenvolvimento Utilizando o Code::Blocks 132

2.5. Representação dos Dados 138

2.6. Estrutura de um Programa em C 139

2.7. Operadores 141

2.8. Entrada e Saída de Dados 141

2.9. Estruturas de Seleção 145

2.10. Instruções para Repetição 157

2.11. Vetores e Matrizes em C 166

2.12. Estruturas e Registros 174

2.13. Uso de Funções na Linguagem C 177

Capítulo 3 - A Linguagem de Programação Java 181

3.1. Visão Geral 181

3.2. Ambientes de Desenvolvimento 182

3.3. Desenvolvimento no NetBeans 182

3.4. Desenvolvimento no Eclipse 185

3.5. Representação dos Dados 191

3.6. Estrutura de um Programa Java 193

3.7. Operadores 194

3.8. Entrada e Saída de Dados 195

3.9. Uso das Estruturas de Seleção 198

3.10. Estruturas de Repetição 209

3.11. Vetores e Matrizes em Java 218

3.12. Classes e Objetos 225

3.13. Coleções 228

3.14. Modularização de Programas em Java 232

Capítulo 4 - A Linguagem de Programação C#........................... 235

4.1. Visão Geral 235

4.2. Ambiente de Desenvolvimento 236

4.3. Tipo de Dado 240

4.4. Operadores 244

4.5. Entrada e Saída de Dados 244

4.6. Estruturas de Seleção em C# 249

4.7. Estruturas de Repetição em C#...................................... 261

4.8. Vetores e Matrizes 271

4.9. Classes e Objetos 278

4.10. Coleções 286

4.11. Modularização de Programas em C#........................... 290

Capítulo 5 - A Linguagem de Programação Python 295

5.1. Visão Geral 295

5.2. Ambiente de Desenvolvimento 295

5.3. Utilização do NetBeans 295

5.4. Utilização do IDLE (Python GUI) 302

5.5. Tipos de Dados em Python 306

5.6. Operadores 307

5.7. Entrada e Saída de Dados 308

5.8. Estrutura de Seleção em Python 311

5.9. Estrutura de Repetição em Python 319

5.10. Listas 325

5.11. Classes e Objetos 331

5.12. Coleções 333

5.13. Procedimentos e Funções em Python 337

Referências **341**

Capítulo 1
Lógica de Programação e Algoritmos

1.1. Lógica de Programação

De maneira geral, podemos entender que a lógica de programação consiste em desenvolvermos uma sequência de passos que permitem atingir um determinado objetivo, ou seja, no âmbito da Tecnologia da Informação (TI), a resolução de um problema computacional.

O principal desafio para o desenvolvimento da lógica de programação está em "educar" o nosso cérebro para resolver os problemas de forma estruturada, metódica e detalhada, pois naturalmente resolvemos as situações cotidianas de forma inata, quase instintiva. Por exemplo, se você está sentado em uma cadeira e precisa apagar uma luz, normalmente faz isso "sem pensar" nos passos detalhados para realizar essa ação. Ou seja, você não irá pensar que precisa se levantar, caminhar até o interruptor e desligá-lo. Muito menos você pensou nas etapas que são necessárias para se levantar da cadeira ou mesmo como caminhar. Porém, o nosso cérebro transmitiu todas essas informações para os nossos músculos.

Diferente do que fazemos nas situações corriqueiras e cotidianas, quando programamos um computador temos que enviar instruções detalhadas e organizadas, para que o computador as execute passo a passo. Esse é o grande desafio quando começamos a criar resoluções de problemas que darão origem aos programas de computador.

Infelizmente, não há uma fórmula mágica para se desenvolver o raciocínio lógico. Basicamente devemos conhecer um conjunto de técnicas, as quais serão abordadas neste Capítulo 1, e colocar em prática esses conceitos na resolução de exercícios de forma a desenvolver a "estruturação" do pensamento.

Exercícios

Considerando as premissas a seguir, verifique quais as sentenças que representam a conclusão correta:

1) Sócrates é um ser humano. Todos os seres humanos são mortais. Logo:
a) Sócrates é mortal.
b) Sócrates é imortal.
c) Platão é mortal.
d) Sócrates não é humano.
e) Não é possível chegar a uma conclusão.

2) Três homens estão sentados à mesa: 2 pais e 2 filhos. Quem são essas três pessoas?
a) O pai, o filho e o sobrinho.
b) O pai e seus dois filhos.
c) O tio, o pai e o filho.
d) O avô, o pai e o filho.
e) Não é possível chegar a uma conclusão.

3) Gatos são animais. Animais possuem patas. Desta forma:
a) Todos os animais são gatos.
b) Gatos possuem patas.
c) Os gatos possuem quatro patas.
d) Gatos e cachorros são animais.
e) Gatos não possuem patas.

4) Considerando a série: 56, 56, 41, 41, 26, 26, "N", "N". Qual será o valor de "N"?
a) 14
b) 9
c) 11

d) 12
e) 13

5) Triângulos são figuras que têm ângulos. Se uma figura não tem ângulos. Logo:
a) Essa figura pode ser um círculo.
b) Essa figura não é um triângulo.
c) Essa figura pode ser um retângulo ou um triângulo.
d) Não existem figuras sem ângulos.
e) Não é possível chegar a uma conclusão.

6) Considerando a sequência: 1, 2, 3, 5, 8, "N". Indicar o valor de "N":
a) 15
b) 11
c) 14
d) 13
e) 12

7) Quando B é maior que A, X é menor que A. Porém, A nunca é maior ou igual a B. Assim:
a) X nunca é menor que B.
b) X nunca é menor que A.
c) X nunca é maior que B.
d) A, B e X são iguais.
e) Não é possível chegar a uma conclusão.

8) Considerando a frase a seguir, qual a melhor comparação?
"Uma chaminé está para a casa assim como uma árvore está para ...".
a) o riacho.
b) o galho.
c) a folha.
d) o céu.
e) o chão.

9) Considerando a sequência: 1, 2, 2, 4, 8, "N". Indicar o valor de "N":
a) 36
b) 30
c) 34
d) 28
e) 32

10) Dentre as palavras apresentadas nas alternativas, qual não está relacionada às demais?
a) Gato
b) Cachorro
c) Rato
d) Peixe
e) Coelho

11) Coloque as frutas na ordem correta: Mamão, Melância, Uva, Limão.
a) Limão, Mamão, Uva, Melância
b) Uva, Limão, Mamão, Melância
c) Melância, Limão, Uva, Mamão
d) Limão, Melância, Uva, Mamão
e) Mamão, Uva, Melância, Limão

12) Um livro possui 99 páginas, quantas vezes o algarismo 1 aparece na numeração das páginas?
a) 17
b) 18
c) 19
d) 20
e) 21

1.2. Algoritmo

Um algoritmo pode ser definido como uma sequência ordenada, finita e bem definida de passos que, quando executados, realizam uma tarefa específica ou resolvem um problema, por exemplo, uma receita de bolo ou o manual de instruções de um televisor.

Considere o problema das Torres de Hanói (Figura 1.1) que tem, como premissa, a necessidade de mover os discos de uma haste para outra sem que o disco maior fique sobre o disco menor.

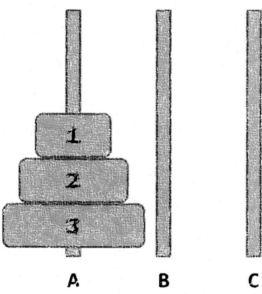

Figura 1.1: Torres de Hanói

A solução do problema consistirá em um conjunto de passos que permitirão atingir o objetivo final, por exemplo:

1. Mover o disco 1 para a haste C
2. Mover o disco 2 para a haste B
3. Mover o disco 1 para a haste B
4. Mover o disco 3 para a haste C
5. Mover o disco 1 para a haste A
6. Mover o disco 2 para a haste C
7. Mover o disco 1 para a haste C

Dessa forma, podemos entender que em linhas gerais a elaboração de um algoritmo obedece às seguintes etapas:

Identificação do Problema: determinar o que se quer resolver ou qual objetivo a ser atingido;

Identificação das "entradas do sistema": quais informações estarão disponíveis (serão fornecidas);

Identificação das "saídas do sistema": quais informações deverão ser geradas/calculadas como resultado;

Definir os passos a serem realizados: determinar as sequências de ações que leve à solução do problema (transformação das entradas nas saídas). Basicamente consistem em identificar as regras e limitações do problema, identificar as limitações do computador e, por fim, determinar as ações possíveis de serem realizadas pelo computador.

Concepção do algoritmo: registrar a sequência de comandos, utilizando uma das formas de representação de algoritmos.

Teste da solução: execução manual de cada passo do algoritmo, seguindo o fluxo estabelecido, para detectar possíveis erros.

Exercícios

1) Descrever os passos necessários para se trocar uma lâmpada.

2) Enumerar os passos necessários para realizar uma partida do tradicional Jogo da Velha.

3) Descrever os passos necessários para realizar a resolução de uma equação do 2º grau.

4) Definir a sequência de passos necessários para preparar uma omelete.

5) Enumerar os passos necessários para cadastrar um nome e número de telefone na agenda do seu celular.

6) Estabelecer a sequência necessária para passar uma peça de roupa.

7) Descrever os passos necessários para calcular a área de um retângulo.

8) Enumerar os passos para plantar uma árvore.

1.3. Representação e Armazenamento de Dados

Um dado para ser processado precisa estar armazenado na memória principal do computador. Portanto, muitas instruções são associadas ao processo de armazenamento ou transformação destes valores. Na concepção de algoritmo, devemos considerar que a memória consiste em um conjunto de posições (endereços), onde cada posição recebe uma identificação (nome) e armazena um determinado valor.

Abstração do Conceito de Memória

Identificador	Valor
idade	20
Nome	"José da Silva"
NOTA1	6,5

Desta forma, as posições de memória sempre armazenam um valor (ou um conjunto deles) e seguem as seguintes premissas: se armazenamos um novo valor em uma posição, o seu valor antigo será perdido; se nenhum valor for atribuído a uma determinada posição, esta irá possuir um valor indeterminado.

Então, podemos definir que um **identificador** consiste no nome de uma posição (endereço) da memória que é definido pelo desenvolvedor do programa. Com o intuito de facilitar o entendimento das rotinas recomenda-se o uso de nomes significativos, por exemplo, idade, NOME, ValorFinal e PRECO_UNITARIO. Também devemos evitar identificadores que não demostram claramente a sua finalidade, por exemplo, X1, kcp, VAR_1 e Var_2.

Como regra geral para definição de identificadores, devemos iniciá-los sempre com uma letra e pode conter letras, números e o caracter "_". Então, temos como identificadores válidos Nome, VLR_SALARIO e nota_1, ao passo que 1ª Nota, C&A e x-1 não são considerados válidos.

Os identificadores podem ser classificados em **constantes** e **variáveis**. As **constantes** representam valores que não mudam no decorrer do algoritmo, por exemplo, "Digite um número:" e, PI entre outros. Por outro lado, as **variáveis** representam dados cujos valores são modificados ao longo da execução do algoritmo.

As variáveis além de possuírem um identificador (nome) também precisam representar o tipo do dado que será armazenado. Por exemplo, tipos de dados numéricos como **inteiros** (10, -3 ou 1024) ou **reais** (1,5, 45,86 ou -0,333). Também existem os tipos de dados não numéricos como, por exemplo, **lógico** (verdadeiro ou falso), **caracter** ('A', '@' ou '1') ou **cadeia** de caracteres (string). Podem ser citados como exemplos de cadeias de caracteres: "José", "Ana Maria" e "Rua das Flores, 100" entre outros. No tipo do dado caractere utilizamos aspas simples como delimitador, por outro lado, em cadeias de caracteres devemos utilizar as aspas duplas como delimitadoras de conteúdo.

O valor de uma variável pode ser atribuído por meio do operador = (símbolo de igual). Neste caso, para representarmos a atribuição do valor 10 para a variável NUMERO podemos utilizar a seguinte notação em pseudolinguagem:

```
NUMERO = 10
```

Ou pelo Scratch (Figura 1.2):

Figura 1.2: Operação de atribuição

Devemos ler essa instrução de atribuição como "A VARIÁVEL NUMERO RECEBE O VALOR 10" ou "ALTERE O VALOR DA VARIÁVEL NUMERO PARA 10". As variáveis também podem ser agrupadas em conjuntos dando origem aos conceitos de vetores, matrizes e registros os quais serão abordados posteriormente.

Exercícios

1) Assinale os identificadores válidos:

( ) 3VALOR	( ) VALOR-1	( ) PRECO_UNIT	( ) MAXVALOR
( ) SOBRENOME	( ) R1&R2	( ) R1_R2	( ) CID
( ) menor	( ) EX=1	( ) SOL1	( ) sobreNome
( ) SAIDA	( ) Resposta	( ) SALDO-MED	( ) %DESC
( ) DESC%	( ) DESC	( ) SALDO_MED	( ) [INICIO]
( ) eRRo	( ) REAL	( ) DÓLAR	( ) US$
( ) PCT	( ) P_C_T	( ) PCT%	( ) PCT.
( ) #MAIOR	( ) BRASIL	( ) result	( ) res-saida
( ) R$	( ) Valor final	( ) VLR+Bonus	( ) Cursos

2) Identifique o tipo de dado de cada um dos valores ou aponte o motivo do erro quando encontrar uma representação que não seja válida:

Valor a ser Armazenado	Tipo de Dado
José	
"José da Silva"	
VERDADEIRO	
34,560	
-45	
18	
0,56565	
-0,4560	
0,00000	
"12,78"	
"100 anos"	
"Maria	
"10"	

"--56,4"	
45,422	
"FALSO"	
45,001	
4444	
-56	
"13250-000"	
Escola""	
"Faculdade"	
Falso	
"Ende"reco"	
"Cid"a"de"	

1.4. Formas de Representação de Algoritmos

A descrição de um algoritmo de forma clara e precisa auxilia no processo de desenvolvimento em uma linguagem de programação. Para facilitar este trabalho, são utilizadas notações específicas que permitem a representação da lógica de programação, ou seja, da sequência de ações a serem realizadas na solução de um problema.

1.4.1. Descrição Narrativa

Especificação verbal dos passos em linguagem natural. Apresenta como desvantagens o fato de que a linguagem natural é imprecisa, possui ambiguidades e irá proporcionar um maior trabalho na codificação em uma linguagem de programação. É interessante a sua utilização apenas para comentar algoritmos e programas, esclarecendo ou realçando pontos específicos. No quadro a seguir ilustramos o seu uso no problema da troca de um pneu furado.

Verificar qual pneu está furado.
Afrouxar os parafusos da roda.
Pegar o macaco e o pneu de estepe.
Posicionar o macaco para erguer o veículo.
Retirar os parafusos.
Retirar o pneu.
Colocar o pneu de estepe.
Recolocar os parafusos.
Descer o veículo.
Guardar o macaco e o pneu furado.

1.4.2. Fluxograma

Consiste no uso de ilustrações gráficas para representar as instruções. Apresenta a lógica de um algoritmo, enfatizando passos individuais pelos objetos gráficos e o fluxo de execução pelas setas. A seguir apresentamos o conjunto de símbolos utilizados em um fluxograma e suas respectivas funções:

Símbolo	Finalidade
	Identifica o início ou o fim de um algoritmo
↑	Indica o sentido de execução e conecta os símbolos utilizados
	Cálculos e atribuições de valores

Capítulo 1 - Lógica de Programação e Algoritmos 13

Entrada de dados (arquivo)

Entrada de dados (teclado)

Saída de dados (impressora)

Saída de Dados (monitor de vídeo)

Decisão

Conector (ou Junção)

Procedimento pré-definido

Conector para outra página

14 Aprenda Lógica de Programação e Algoritmos

Como exemplo vamos considerar a elaboração de um algoritmo que receba dois números digitados pelo usuário e, em seguida, mostre o valor da soma dos mesmos (Figura 1.3).

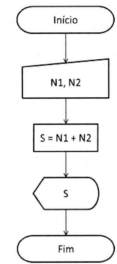

Figura 1.3: Exemplo de fluxograma

A construção do fluxograma começa pelo símbolo de início, o próximo passo consiste em realizar a entrada de dados, a qual permitirá a digitação dos dois números.

Após a entrada dos dados será realizada a soma dos dois números o resultado será armazenado no identificador "S". Em seguida, realizamos a exibição de "S" e, por fim, indicaremos o fim do algoritmo.

A solução para este mesmo problema pode ser representada de uma forma mais detalhada, conforme podemos observar na Figura 1.4. Este estilo de representação facilita a futura implementação da solução do problema em uma linguagem de programação, pois deixa mais claro os passos a serem seguidos. Preferivelmente, procure adotar esse tipo de solução na resolução dos problemas computacionais.

Capítulo 1 - Lógica de Programação e Algoritmos 15

Figura 1.4: Fluxograma com a solução detalhada

1.4.3. Pseudolinguagem (ou Portugol)

Consiste em uma linguagem criada para desenvolvimento de algoritmos, que utiliza expressões pré-definidas para representar ações e fluxos de controle. Funciona como uma linguagem simplificada de programação, logo, facilita a posterior implementação. Basicamente consiste em uma descrição textual, estruturada e regida por regras, que descrevem os passos executados no algoritmo. Possui características similares às linguagens de programação, por exemplo, palavras-chaves, variáveis e apresenta um comando por linha, entre outros recursos. A seguir temos a implementação, em Portugol, de um programa que irá receber dois números digitados pelo usuário, calcular e exibir o valor da respectiva soma.

{ Portugol }

```
programa
{
  // Soma de dois números digitados pelo usuário

  funcao inicio()
  {
    // Declaração das variáveis
    inteiro n1, n2, s

    // Mostrar uma mensagem na tela
    escreva ("Digite um número: ")

    // Obter um valor digitado pelo usuário
    leia (n1)

    escreva("Digite outro número: ")
    leia (n2)

    // Realizar a soma de n1 com n2 e armazenar
    // o resultado na variável s
    s = n1 + n2

    // Exibir o resultado obtido
    escreva ("O valor da soma é ", s)
  }
}
```

No código-fonte acima é importante observar que a estrutura básica de um programa em Portugol consiste no uso do comando **programa** e a delimitação pelo uso de chaves {} para indicar o escopo do que será desenvolvido. Todos os elementos do programa deverão estar entre essas chaves que marcam o início e o fim do programa.

Todo programa começa a sua execução por meio das instruções que estão na função **inicio**. Observe também que uma função também deve estar delimitada por chaves. Esta função é obrigatória para qualquer programa e não deverá ser removida ou ter o seu nome alterado.

Veja, neste mesmo exemplo, que a utilização de barras duplas // indica um comentário, ou seja, consiste em uma linha que não será executada. É ideal para documentar o código-fonte, explicando o que cada parte do programa está fazendo, por exemplo:

{ Portugol }
```
// Declaração das variáveis
inteiro n1, n2, s
```

A exibição de dados de qualquer programa deve ser realizada por meio da utilização da função **escreva**. Nessa função passe os parâmetros (conteúdo) a serem exibidos separados por ponto, ou seja, no exemplo a seguir a cadeia de caracteres "O valor da soma é " e o valor da variável s serão exibidos.

{ Portugol }
```
escreva ("O valor da soma é ", s)
```

Na função **escreva** podemos usar o caractere especial \n dentro de uma cadeia de caracteres (string) para realizar uma mudança de linha no conteúdo que está sendo impresso, por exemplo, no programa a seguir teríamos o conteúdo da cadeia de caracteres sendo exibido em linhas diferentes.

{ Portugol }
```
programa
{
   funcao inicio()
   {
      escreva ("Olá\nPessoal")
```

}
}

A entrada de dados em um programa é realizada por meio da função **leia**. Esta função recebe o dado digitado no teclado e atribui a variável passada como parâmetro da função. No exemplo a seguir, temos a variável n1 recebendo o conteúdo digitado pelo usuário.

{ Portugol }
```
leia (n1)
```

Normalmente exibimos uma mensagem antes de uma entrada de dados, utilizando a função **escreva**, orientando o usuário sobre o que deve ser digitado, por exemplo:

{ Portugol }
```
escreva ("Digite um número: ")
leia (n1)
```

1.4.4. Scratch

O Scratch é um projeto do grupo Lifelong Kindergarten no Media Lab do Massachusetts Institute of Technology (MIT) e consiste em uma linguagem de programação visual, fundamentada sobre o conceito de blocos de montar, cujas funcionalidades são agrupadas pela cor dos blocos. Os blocos, por sua vez, podem ser agrupados livremente desde que se encaixem.

É indicada principalmente para pessoas que estão tendo o primeiro contato com programação de computadores. Apresenta uma interface gráfica muito fácil, intuitiva e interativa sendo desta forma, bastante atrativa para crianças a partir de oito anos para desenvolver conceitos de lógica de programação e matemática.

Capítulo 1 - Lógica de Programação e Algoritmos 19

Com o intuito de ilustrar o modo como os programas são implementados em Scratch, vamos apresentar o mesmo exemplo já utilizado nas representações anteriores de algoritmos, ou seja, precisamos que o usuário digite dois números e, em seguida, devemos calcular e exibir o resultado.

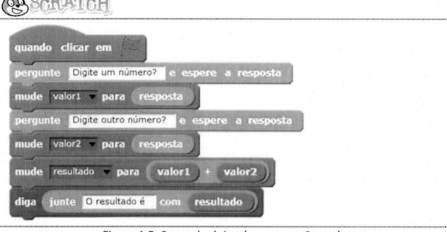

Figura 1.5: Soma de dois números em Scratch

Podemos observar por intermédio da Figura 1.5 que o programa Scratch é muito intuitivo e de fácil entendimento. Note que o mesmo tem início a partir do bloco "quando clicar em ▶", em seguida o bloco "pergunte e espere a resposta" irá obter o valor que foi digitado pelo usuário e armazená-lo em uma variável chamada resposta. No próximo bloco, que é o "mude para", a variável valor1 recebe o conteúdo armazenado em resposta. Esses mesmos dois blocos são utilizados novamente para atribuirmos um valor para a variável valor2.

O bloco "mude para" é utilizado novamente, nesse caso, para armazenar a soma de valor1 com valor2 na variável resultado e, por último, o bloco "diga" irá mostrar uma mensagem contendo o valor da soma. Na Figura 1.6 podemos observar o resultado da execução do programa no ambiente de desenvolvimento do Scratch.

20 Aprenda Lógica de Programação e Algoritmos

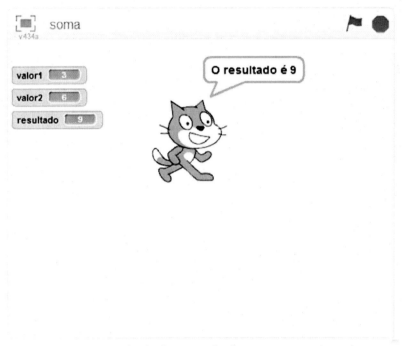

Figura 1.6: Resultado da execução do programa em Scratch

1.5. Operadores

Além do operador de atribuição (=) já abordado anteriormente, existem também os operadores aritméticos, relacionais e lógicos. Os operadores aritméticos são utilizados para a realização de cálculos matemáticos:

Capítulo 1 - Lógica de Programação e Algoritmos 21

Operador	Representação Simbólica	
	(Fluxograma ou pseudolinguagem)	Scratch
Adição	+	(+)
Subtração	-	(-)
Multiplicação	*	(*)
Divisão	/	(/)
Resto	%	(resto de ● por ●)

Dessa forma, por exemplo, uma expressão aritmética pode ser representada da seguinte maneira:

{ Portugol }
X = 25 + 12 - 4

Ou utilizando Scratch (Figura 1.7):

Figura 1.7: Expressão aritmética

Operadores relacionais permitem a comparação entre identificadores, valores ou mesmo expressões. O resultado de uma comparação sempre será um valor booleano (ou lógico), ou seja, verdadeiro ou falso.

Operador	Representação Simbólica (Fluxograma ou pseudolinguagem)	Scratch
Maior	>	▰ > ▰
Maior ou igual	>=	▰ > ▰ ou ▰ = ▰
Menor	<	▰ < ▰
Menor ou igual	<=	▰ < ▰ ou ▰ = ▰
Igual a	==	▰ = ▰
Diferente de	!=	não ▰ = ▰

A seguir temos um exemplo que ilustra o uso de um operador relacional comparando se um determinado identificador é maior ou igual ao resultado de uma expressão aritmética.

{ Portugol }
A >= ((34 - 5) * 2)

Na Figura 1.8 temos, como exemplo, a mesma expressão representada por meio do Scratch.

Capítulo 1 - Lógica de Programação e Algoritmos 23

Figura 1.8: Exemplo de operação relacional

Os operadores lógicos são adotados para conectar e associar expressões que precisam realizar diversas comparações diferentes. Também é importante salientar que o resultado dessas expressões sempre será um valor booleano (ou lógico).

Operador	Representação Simbólica	
	(Fluxograma ou pseudolinguagem)	Scratch
E (And)	e	e
Ou (Or)	ou	ou
Não (Not)	nao	não

Quando precisamos realizar várias comparações, por exemplo, precisamos saber se o identificador A é igual a ao identificador B e também se o identificador B é maior que zero. Neste caso, utilizamos o operador lógico E (And) para associar as duas condições.

{ Portugol }
A == B e B > 0

Em Scratch teríamos a seguinte representação (Figura 1.9):

Figura 1.9: Exemplo com operadores lógicos e relacionais

Na operação lógica E (And) a saída será verdadeira apenas se todas as entradas forem verdadeiras, ou seja:

Entrada 1	Entrada 2	Saída
falso	falso	falso
falso	verdadeiro	falso
verdadeiro	falso	falso
verdadeiro	verdadeiro	verdadeiro

A operação lógica OU (OR) apresentará uma saída falsa apenas se todas as entradas forem falsas, ou seja:

Entrada 1	Entrada 2	Saída
falso	falso	falso
falso	verdadeiro	verdadeiro
verdadeiro	falso	verdadeiro
verdadeiro	verdadeiro	verdadeiro

O operador lógico de negação (NOT) inverte o valor apresentado na entrada:

Entrada	Saída
falso	verdadeiro
verdadeiro	falso

As linguagens de programação estabelecem uma ordem de avaliação dos elementos de uma expressão considerando, para isso, a precedência dos operadores. Quando não existir a precedência entre os operadores utilizados, a expressão será avaliada da esquerda para a direita. Na tabela a seguir podemos observar a ordem de avaliação dos operadores.

Ordem de avaliação	Operador
1º	( )
2º	* ou /
3º	+ ou -
4º	=
5º	==, <, >, <=, >= ou !=
6º	nao
7º	e
8º	ou

Considerando o exemplo a seguir devemos considerar que inicialmente são realizadas as operações aritméticas, ou seja, 10 * B e depois 10 + 2. Em seguida as expressões serão comparadas (maior que e igual) e, concluindo a resolução da expressão, o conectivo lógico será avaliado.

{ Portugol }
```
A > 10 * B e B == 10 + 2
```

Ilustrando o conceito de resolução da expressão vamos considerar o seguinte cenário:

```
{ Portugol }
A = 6
B = 2
A > 10 * B e B == 10 + 2
```

O programa irá realizar 10 * B, ou seja, 10 * 2 que é igual a 20 e, em seguida, 10 + 2 que é 12. Desta forma, podemos observar agora a resolução parcial da expressão:

```
{ Portugol }
A > 20 e B == 12
```

O passo a seguir consiste em realizar as comparações, ou seja, A > 20. Substituindo o valor de A temos 6 > 20 que retorna um valor lógico falso. Na próxima comparação B = 12, ou seja, 2 = 12, também resultará em um valor falso. Agora podemos observar a expressão da seguinte maneira:

```
{ Portugol }
falso e falso
```

A última etapa da resolução consiste em avaliar os operadores lógicos, nesse caso, teremos como resultado final da expressão o valor falso.

Outra forma de avaliar uma expressão é pela construção da **tabela verdade**. Uma tabela verdade permite demonstrar o conjunto de possibilidades existentes para a combinação de variáveis ou expressões e operadores lógicos. Por exemplo, considerando a seguinte expressão:

```
{ Portugol }
X > 10 e Y <= 100
```

Capítulo 1 - Lógica de Programação e Algoritmos 27

A tabela verdade será utilizada para demonstrar as várias possibilidades de combinações, conforme ilustramos a seguir:

Expressão	X > 10	Y <= 100	Operador e (And) X > 10 e Y <= 100
Resultados possíveis	F	F	F
	F	V	F
	V	F	F
	V	V	V

Exercícios

1) A partir das expressões a seguir, identificar o resultado (verdadeiro ou falso) de cada uma delas em função dos valores dados, considerando que à variável X seja atribuído o valor 4 e à variável Y seja atribuído o valor 6.

a) X == 4 e Y == 5
b) X == 3 e Y == 7
c) X < 5 ou Y != 8
d) X <= 2 e Y == 7
e) nao X == 2 e Y == 6
f) X < 5 e Y > 2 ou Y != 7
g) Y < 5 ou X > 0 e nao X != Y

2) Considerando que a variável I possui o valor 2, a variável J vale 9 e a variável K com valor igual a 6, avaliar as seguintes expressões indicando se o resultado final é verdadeiro ou falso.
a) I > 2 e K == 6
b) I != 2 ou J <= 5
c) I == 3 ou J >= 2 e K == 9
d) I == 3 e nao J <= 10 e K == 6
e) I != 2 ou J == 9 e K > 2
f) J > I e K != I
g) I > J ou J < 5
h) I != J e J == K
i) K >= 2 ou I < J
j) I >= J ou J > I e K != J

3) Elaborar a tabela verdade para as expressões:
a) A < 6 ou B >= 5
b) J != 10 e K >= 5
c) nao X == 5 ou Y < 3
d) A > 4 e B != 8 ou C > 2
e) X != Y e Y > 0 ou X > 0
f) J >= I e nao K < I ou I == J

{ Portugol }
```
programa
{
   funcao inicio()
   {
      inteiro I, J, K
      real X, Y, Z
      cadeia Nome, Rua
      logico ImovelProprio

      I = 3
      J = 6
      K = 4
      X = 5.5
      Y = 8.0
```

```
    Z = -4.0
    Nome = "José da Silva"
    Rua = "Rua das Flores, 100"
    ImovelProprio = verdadeiro

    // Expressão a ser avaliada, neste exemplo,
    // item a, ou seja, Nome = Rua
    escreva (Nome == Rua)
    }
}
```

4) A partir da análise do algoritmo acima, determine o resultado das expressões a seguir, considerando que cada expressão será utilizada como parâmetro da função **escreva**.

a) Nome == Rua
b) X >= Y e K == J
c) (K + 2 * J) >= (Z - 3 * X)
d) ((Y / 2) == X) ou ((J * 2) >= (I + K))
e) nao ImovelProprio
f) nao J > I e I + K <= 10 ou ImovelProprio != verdadeiro
g) (K - 10) > (Z / 2) ou (K - 20) < (Y * 2)
h) nao K < (I * 10)

1.6. Portugol Studio

Com o intuito de facilitar o aprendizado, a implementação dos exemplos em Portugol, que serão desenvolvidos neste capítulo, poderá ser realizada por meio do programa Portugol Studio, que consiste em um programa gratuito e multiplataforma, ou seja, pode ser executado tanto em computadores com Windows ou Linux, entre outras plataformas. O mesmo poderá ser obtido pelo endereço http://lite.acad.univali.br/portugol/.

30 Aprenda Lógica de Programação e Algoritmos

Após instalar o programa, execute o mesmo e a janela inicial deverá ser mostrada conforme Figura 1.10.

Figura 1.10: Portugol Studio

Escolha a opção Sair Programando (Ctrl + N). Neste momento, será mostrada a janela do editor de programas, contendo a estrutura básica de um programa em Portugol, conforme podemos observar na Figura 1.11.

Capítulo 1 - Lógica de Programação e Algoritmos

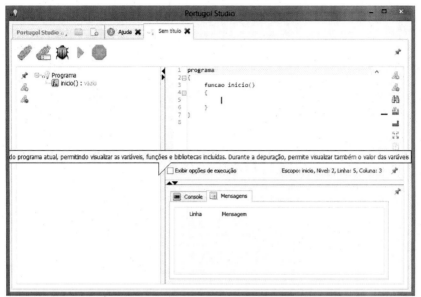

Figura 1.11: Novo programa

Digite dentro da função início o comando escreva, conforme pode ser observado no programa a seguir. Observe que no Portugol programas, funções e blocos de comando devem ser delimitados por chaves.

{ Portugol }
```
programa
{
  funcao inicio()
  {
    escreva("Olá Pessoal!")
  }
}
```

32 Aprenda Lógica de Programação e Algoritmos

Utilize, em seguida, o ícone ▶ ou as teclas de atalho Shift + F6, para executar o algoritmo criado conforme indicado na Figura 1.12.

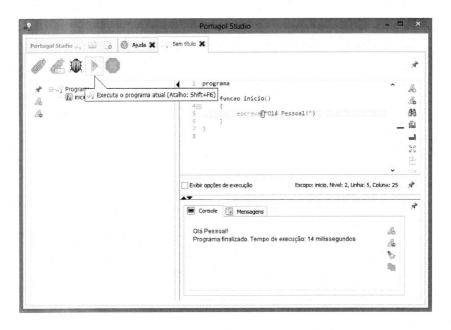

Figura 1.12: Executando o programa criado

O resultado da execução do programa será mostrado na aba Console (Figura 1.13) localizada na parte inferior da janela do Portugol Studio. Observe também que quando houver erros no programa a ser executado os mesmos serão exibidos na aba de Mensagens.

Figura 1.13: Aba Console

1.7. Scratch

O Scratch é bem mais amigável que as linguagens tradicionais, apresenta um ambiente de desenvolvimento totalmente gráfico e que adota um conceito de blocos de montagem. Cada bloco da linguagem representa um comando em particular e que podem ser livremente agrupados, caso se encaixem.

O Scratch poderá ser executado de modo online, diretamente em um navegador para Internet, para isso basta acessar o endereço https://scratch.mit.edu/.

Outra opção consiste em utilizá-lo em modo offline, pois, o mesmo também é oferecido como um programa gratuito e multiplataforma, ou seja, pode ser executado tanto em computadores com Windows ou Linux entre outras plataformas. O mesmo poderá ser baixado pelo endereço https://scratch.mit.edu/scratch2download/.

Na Figura 1.14 temos a janela do programa, observe que do lado esquerdo temos a área de execução do programa, a região central apresenta o conjunto de blocos, os quais se encontram agrupados conforme a sua funcionalidade. No lado direito temos conjunto de blocos que formam o programa que foi desenvolvido, o qual no Scratch é denominado de roteiro.

34 Aprenda Lógica de Programação e Algoritmos

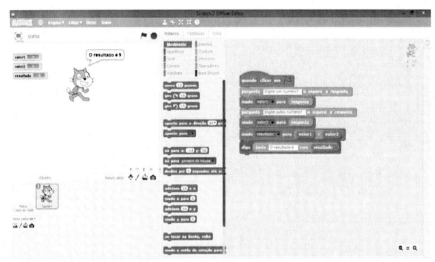

Figura 1.14: Janela do Scratch

Vamos agora criar um pequeno exemplo que irá exibir a mensagem "Olá Pessoal!". Para isso, acesse o ambiente do Scratch, na aba "Roteiros" selecione "Eventos" e arraste o bloco "quando clicar em ▶" para a área que fica à direita, conforme podemos observar na Figura 1.15.

Figura 1.15: Início do programa

Capítulo 1 - Lógica de Programação e Algoritmos 35

Selecione "Aparência" e arraste o bloco "diga" de modo que o mesmo se encaixe abaixo do bloco "quando clicar em ⚑" que foi colocado anteriormente. Edite o texto do bloco "diga", o programa agora está pronto e deverá ter uma aparência similar à mostrada na Figura 1.16.

Figura 1.16: Programa "Olá Pessoal!"

Agora pressione o ícone da bandeira ⚑ localizado na área que fica localizada a esquerda do ambiente do Scratch. O programa será executado e a mensagem deverá mostrada (Figura 1.17).

Figura 1.17: Execução do programa

1.8. Estrutura Sequencial

Um algoritmo é uma sequência de passos (comandos) que, na maioria das vezes, seguem uma **estrutura sequencial**, ou seja, o conjunto de comandos é executado de maneira linear, do símbolo de início até o símbolo que indica o fim do algortimo, na ordem indicada pelas setas. Na Figura 1.18, como exemplo, podemos considerar o fluxograma de uma aplicação que precisa obter o nome do usuário e, em seguida, exibi-lo na tela.

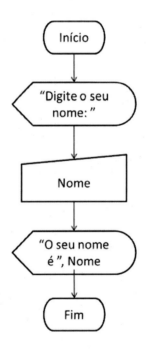

Figura 1.18: Entrada e exibição de dados

Este mesmo problema pode ter a sua solução representada por meio da pseudolinguagem (Portugol), conforme pode ser observado a seguir.

{ Portugol }
```
programa
{
  funcao inicio()
  {
    cadeia Nome
    escreva ("Digite o seu nome: ")
    leia (Nome)
    escreva ("O seu nome é ", Nome)
  }
}
```

Digite este exemplo no Portugol Studio e, em seguida, realize a sua execução clicando sobre o ícone ▶ ou pressionando as teclas de atalho Shift + F6. Agora observe na aba Console que o programa irá solicitar a digitação, após digitar o nome e pressionar Enter, a mensagem será exibida e o programa, neste momento, é encerrado (Figura 1.19).

38 Aprenda Lógica de Programação e Algoritmos

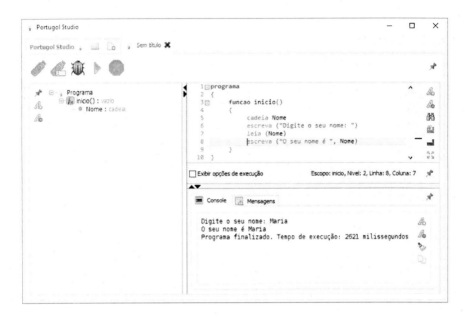

Figura 1.19: Entrada de dados no Portugol Studio

Utilizando Scratch podemos desenvolver a seguinte solução para o problema. Inicialmente defina uma variável que irá armazenar o nome da pessoa. Para fazer isso, na aba "Roteiros" selecione "Variáveis" e clique no botão "Criar uma variável". Preencha o nome da variável e pressione o botão "OK" (Figura 1.20).

Capítulo 1 - Lógica de Programação e Algoritmos 39

Figura 1.20: Declaração de variável

Agora selecione a aba "Eventos" e arraste o bloco "quando clicar em ⌐" para a área da direita. Selecione "Sensores" e arraste o bloco "pergunte e espere a resposta" de maneira a encaixá-lo no bloco que foi inserido anteriormente. Neste bloco insira a mensagem que deverá ser mostrada para o usuário, ou seja, "Digite o seu nome:".

O passo a seguir consiste em atribuir a resposta digitada pelo usuário para a variável "nome", para isso utilize o bloco "mude para", localizado em "Variáveis". Em seguida, selecione novamente "Sensores" e arraste o bloco resposta sobre a área "para" do bloco "mude para", conforme ilustra a Figura 1.21.

Figura 1.21: Operação de atribuição

Concluindo este exemplo vamos utilizar o bloco "diga" que está localizado em "Aparência" para exibir uma mensagem para o usuário. Após encaixar esse bloco, note agora que a mensagem a ser exibida consiste em duas partes, ou seja, o texto fixo "O seu nome é " e o valor da variável nome. Desta forma, selecione "Operadores" e arraste o bloco "junte com" para área dentro do bloco "diga" que contém o texto a ser exibido (Figura 1.22).

Figura 1.22: Bloco "junte com"

Digite o texto "O seu nome é " na primeira área do bloco "junte com". Em seguida, selecione "Variáveis" e arraste o bloco "nome" na segunda área do bloco "junto com". O resultado deverá ser similar ao apresentado na Figura 1.23.

Figura 1.23: Junção

Neste momento, o pequeno programa está concluído e deve ser similar ao mostrado pela Figura 1.24.

Figura 1.24: Programa completo

Capítulo 1 - Lógica de Programação e Algoritmos 41

Conforme já abordado anteriormente, clique no ícone da bandeira ⚑ para executar o programa que foi criado. Na Figura 1.25 temos o resultado da execução.

Figura 1.25: Resultado após a execução do programa

Exercícios

Apresente a solução dos problemas a seguir utilizando fluxograma, pseudolinguagem (Portugol) e Scratch:

1) Criar uma aplicação que receba por digitação o nome e o sobrenome e, em seguida, realize a exibição da seguinte maneira: sobrenome, nome.

2) Elaborar um programa que realize a multiplicação de dois valores numéricos do tipo de dado real digitados pelo usuário e, depois, exiba o valor calculado.

3) Escrever uma aplicação que receba quatro números inteiros digitados pelo usuário e, em seguida, calcule e exiba o valor da soma desses números.

4) Criar uma aplicação que receba três números reais digitados pelo usuário e, em seguida, calcule e exiba o valor da média.

5) Uma determinada loja precisa calcular o preço de venda de um produto. O cálculo deverá ser efetuado por intermédio da multiplicação do preço unitário pela quantidade vendida e, posteriormente, subtrair o valor do desconto. Considerar todas as variáveis do tipo de dado real e que as mesmas serão digitadas pelo usuário.

6) Calcular a média final de um aluno considerando que o mesmo irá realizar duas provas (P1 e P2), sendo que a P1 deverá ter peso 4 e a P2 peso 6. Adotar que as notas são do tipo de dado real e que elas serão fornecidas pelo usuário.

7) A Lei de Ohm define que a resistência (R) de um condutor é obtida pela divisão da tensão aplicada (V) dividida pela intensidade de corrente elétrica (A). Desta forma, a partir de uma tensão e corrente, digitadas pelo usuário, calcule e mostre o valor da resistência.

8) Adotando como referência o exercício 7, calcule e exiba a intensidade da corrente elétrica (A) a partir da tensão (V) e resistência (R) que o usuário irá fornecer ao programa.

9) A potência (P) consumida por determinado aparelho eletroeletrônico é definida pela tensão (V) multiplicada pela corrente (A). Elaborar um programa que, a partir da tensão e corrente fornecidas pelo usuário, calcule e mostre na tela a potência.

10) Considerando o exercício 9 calcule e exiba a corrente (A) que circula por determinado aparelho eletroeletrônico a partir da potência (P) e tensão (V) digitadas pelo usuário.

1.9. Estruturas de Seleção

As **estruturas de seleção**, também conhecidas por **estruturas de decisão**, permitem a escolha de um grupo de ações para serem executadas de acordo com a avaliação de uma expressão ou um conjunto delas. Dessa forma, passamos a ter a execução condicional de um grupo de comandos do programa.

1.9.1. Se

Em pseudolinguagem (Portugol), um bloco de comandos deve ser entendido como um conjunto de instruções delimitadas por abrir e fechar chaves {}. Conforme podemos observar na Figura 1.26, na elaboração do fluxograma utilizaremos o símbolo do losango para caracterizar o uso da estrutura de seleção:

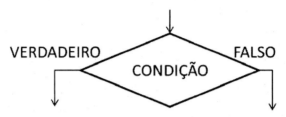

Figura 1.26: Estrutura de seleção

Como exemplo, vamos considerar uma situação na qual devemos indicar a partir da idade de uma pessoa se a mesma é maior ou menor de idade. Dessa forma, no fluxograma poderíamos então realizar a seguinte representação (Figura 1.27):

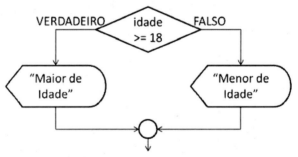

Figura 1.27: Seleção se a pessoa é maior ou menor de idade

Utilizando pseudolinguagem o comando de seleção **se** é representado da maneira indicada pelo trecho de programa mostrado a seguir. No trecho de programa a seguir devemos avaliar a expressão presente no comando **se**, ou seja, se o valor da variável idade for maior ou igual a 18 (idade >= 18). Caso a expressão seja avaliada como verdadeira a mensagem "Maior de idade" será exibida no console, caso contrário, será executada a instrução contida no **senao** e, desta maneira, a mensagem "Menor de idade" será mostrada no console.

{ Portugol }
```
se (idade >= 18)
{
  escreva ("Maior de idade")
}
senao
{
  escreva ("Menor de idade")
}
```

Quando um bloco de comandos é constituído por uma única instrução as chaves passam a ser opcionais podendo ser omitidas. Desta forma, o mesmo trecho de programa mostrado acima poderia ser representado da seguinte maneira:

{ Portugol }
```
se (idade >= 18)
   escreva ("Maior de idade")
senao
   escreva ("Menor de idade")
```

Utilizando Scratch temos o bloco "se então senão" para representar uma estrutura de seleção, conforme ilustra a Figura 1.27.

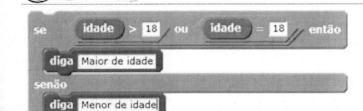

Figura 1.27: Estrutura de seleção

Existem outras situações nas quais é possível omitir a instrução senao. Considere um problema no qual devemos exibir o valor absoluto (sem sinal) de um determinado número que foi digitado pelo usuário. Se o número for negativo devemos multiplicá-lo por (-1), caso contrário, não é necessário fazer nada. Ou seja, na prática, não há instrução para ser colocada no bloco senao, conforme podemos observar na Figura 1.28.

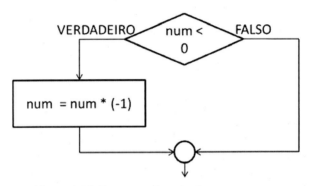

Figura 1.28: Estrutura de seleção sem o senao

Na representação em pseudolinguagem basta omitir a bloco senão, conforme podemos observar no trecho de programa a seguir.

{ Portugol }
```
se (num < 0)
{
    num = num * (-1)
}
```

Em Scratch temos um bloco de montagem "se" específico que permite representar esse tipo de situação (Figura 1.29).

Figura 1.29: Bloco de montagem "se"

Após esses conceitos iniciais aplicaremos, neste próximo exemplo, o conceito de estrutura de seleção dentro de um programa completo. Vamos considerar um programa no qual o usuário irá digitar o ano de nascimento e, em seguida, a idade será calculada e, ao final, será informado se o mesmo é maior ou menor de idade. Na Figura 1.30 podemos observar a representação da solução para o cálculo da idade por meio do fluxograma:

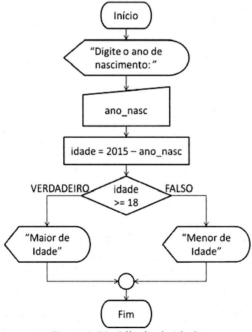

Figura 1.30: Cálculo da idade

Utilizando pseudolinguagem teríamos, como uma possível solução para o problema, o programa a seguir.

{ Portugol }
```
programa
{
  funcao inicio()
  {
    inteiro ano_nasc, idade
    escreva ("Digite o ano de nascimento: ")
    leia (ano_nasc)
    idade = 2015 - ano_nasc
    se (idade >= 18)
    {
      escreva ("Maior de idade")
    }
    senao
    {
      escreva ("Menor de idade")
    }
  }
}
```

Na Figura 1.31 apresentamos em Scratch a solução para este mesmo problema.

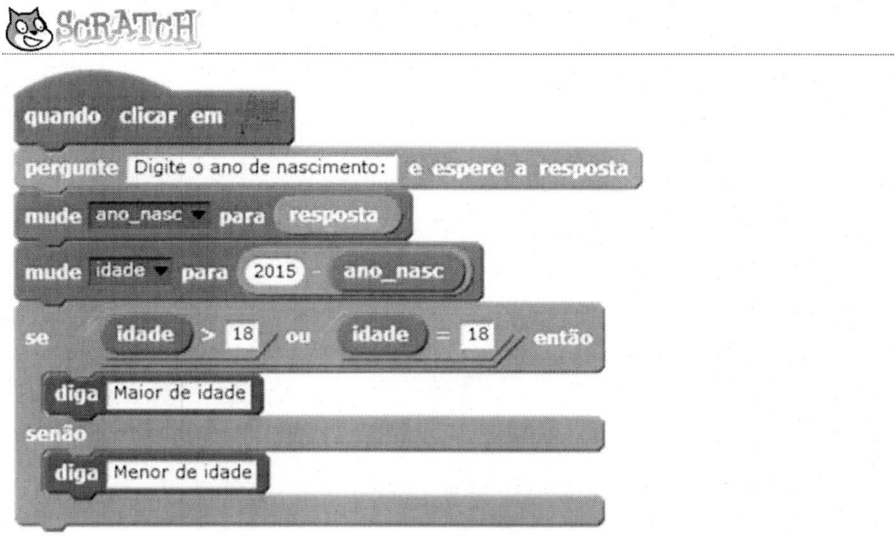

Capítulo 1 - Lógica de Programação e Algoritmos 49

Figura 1.31: Cálculo da idade em Scratch

Em determinadas situações são necessários vários comandos **se** para resolvermos um determinado problema, por exemplo, vamos considerar a necessidade de a partir de três números digitados pelo usuário, identificarmos o maior deles. Neste caso, como são três as possibilidades, um único comando **se** não irá conseguir resolver o problema. Em situações como essa, devemos utilizar os comandos de modo aninhados, conforme ilustrado pelo fluxograma apresentado na Figura 1.32.

50 Aprenda Lógica de Programação e Algoritmos

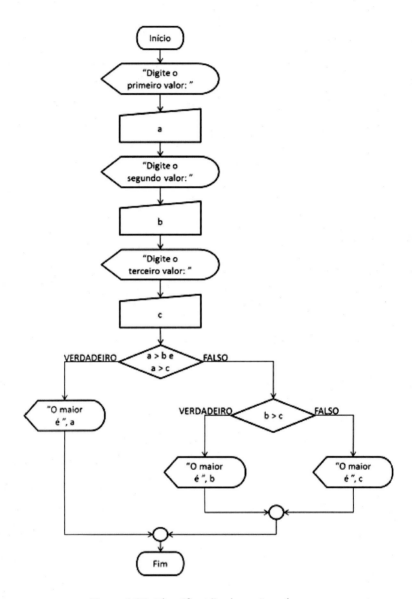

Figura 1.32: Identificação do maior número

Adotando a pseudolinguagem a solução poderia ser expressa da seguinte maneira:

{ Portugol }
```
programa
{
  funcao inicio()
  {
    inteiro a, b, c

    escreva ("Digite o primeiro valor: ")
    leia (a)
    escreva ("Digite o segundo valor: ")
    leia (b)
    escreva ("Digite o terceiro valor: ")
    leia (c)

    se ((a > b) e (a > c))
    {
      escreva ("O maior é: ", a)
    }
    senao
    {
      se (b > c)
      {
        escreva ("O maior é: ", b)
      }
      senao
      {
        escreva ("O maior é: ", c)
      }
    }
  }
}
```

52 Aprenda Lógica de Programação e Algoritmos

Em Scratch podemos representar a solução para esse mesmo problema da seguinte maneira (Figura 1.33). Observe a forma como os blocos de montagem de "se" foram encadeados.

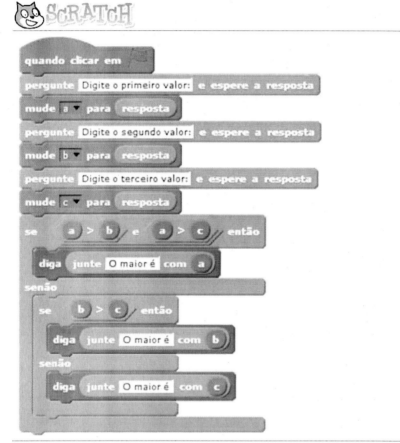

Figura 1.33: Identificar o maior entre três números

Com o intuito de reforçar esses conceitos vamos desenvolver um outro exemplo, no qual aplicaremos o comando **se** para resolver um outro problema de seleção. Vamos considerar um programa que, a partir de uma sigla digitada pelo usuário, devemos exibir o nome de um estado brasileiro.

No fluxograma, mostrado na Figura 1.34, é importante observar que faremos a solução apenas para três estados, porém, é relativamente simples ampliar a solução de modo que a mesma suporte vários estados.

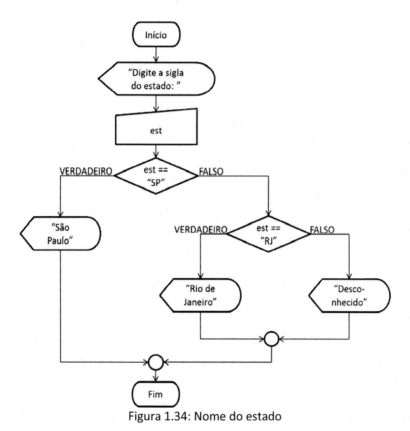

Figura 1.34: Nome do estado

Utilizando Portugol temos, a seguir, uma das soluções possíveis para o problema.

{ Portugol }

```
programa
{
  funcao inicio()
  {
    cadeia est

    escreva ("Digite a sigla do estado: ")
    leia (est)
    se (est == "SP")
      escreva ("São Paulo")
    senao
      se (est == "RJ")
        escreva ("Rio de Janeiro")
      senao
        escreva ("Desconhecido")
  }
}
```

A Figura 1.35 ilustra a solução em Scratch.

Figura 1.35: Algoritmo desenvolvido em Scratch

1.9.2. Escolha caso

Outra estrutura que pode ser adotada para resolver alguns problemas de seleção é **escolha caso**. Esta estrutura pode ser usada quanto é necessário selecionar um dentre os vários valores possíveis que uma mesma variável pode assumir e, em seguida, executar o bloco de comandos relacionado à condição que foi avaliada como verdadeira. Este comando somente pode ser empregado quando é necessário realizar apenas verificação de igualdade em uma mesma variável ou expressão.

Com o intuito de ilustrar esse conceito vamos desenvolver um programa que mostre o valor por extenso de um número inteiro digitado pelo usuário. No fluxograma (Figura 1.36) é importante observarmos que a representação é sempre a mesma, independente se formos utilizar **se** ou **escolha caso** em uma posterior implementação. Também note que, para fins didáticos, vamos representar na solução apenas o extenso de um, dois ou três.

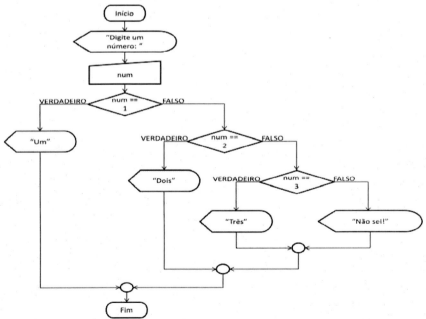

Figura 1.36: Valor por extenso de um número

Utilizando Portugol podemos realizar a seguinte implementação:

{ Portugol }
```
programa
{
  funcao inicio()
  {
    inteiro num

    escreva ("Digite um número: ")
    leia (num)
    escolha (num)
    {
      caso 1:
        escreva ("Um")
        pare
      caso 2:
        escreva ("Dois")
        pare
      caso 3:
        escreva ("Três")
        pare
      caso contrario:
        escreva ("Não sei!")
    }
  }
}
```

É de fundamental importância salientar que toda solução que utiliza **escolha caso** pode ser realizada com **se**, conforme ilustrado no programa a seguir. Por outro lado, o contrário não é verdadeiro, ou seja, muitas representações com **se** não podem ser reescritas utilizando **escolha caso**. Então é importante lembrar-se sempre das condições para uso do comando **escolha caso**: "Este comando apenas pode ser empregado quando a verificação é com base em uma mesma variável ou expressão e também que essa verificação seja somente de igualdade".

{ Portugol }

```
programa
{
   funcao inicio()
   {
      inteiro num

      escreva ("Digite um número: ")
      leia (num)
      se (num == 1)
      {
         escreva ("Um")
      }
      senao
      {
         se (num == 2)
         {
            escreva ("Dois")
         }
         senao
         {
            se (num == 3)
            {
               escreva ("Três")
            }
            senao
            {
               escreva ("Não sei!")
            }
         }
      }
   }
}
```

58 Aprenda Lógica de Programação e Algoritmos

Também é importante salientar que, quando aplicável, a representação com **escolha caso** torna o código mais legível e de fácil entendimento, como podemos observar nesta solução que adotou apenas o encadeamento de comandos **se** para resolver o mesmo problema.

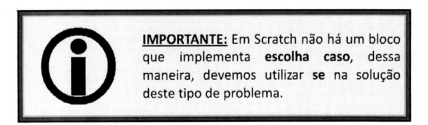

IMPORTANTE: Em Scratch não há um bloco que implementa **escolha caso**, dessa maneira, devemos utilizar **se** na solução deste tipo de problema.

Dessa forma, na Figura 1.37 podemos observar a resolução utilizando Scratch.

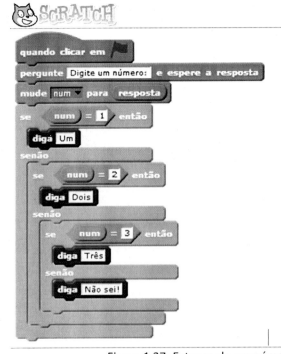

Figura 1.37: Extenso de um número em Scratch

Exercícios

Desenvolver as soluções para os problemas a seguir utilizando fluxograma, pseudolinguagem e Scratch.

1) Criar um programa que receba quatro números inteiros e exiba o menor deles.

2) Especificar uma aplicação que faça a leitura do nome e ano de nascimento de uma pessoa, calcule sua idade e exiba a idade calculada também indicando se a pessoa é maior ou menor de idade.

3) Escreva um programa que, a partir de um número inteiro digitado pelo usuário, mostre se o número é par ou ímpar.

4) Elaborar uma rotina que, a partir de um número real digitado pelo usuário, mostre o seu valor absoluto.

5) Considerando que a aprovação de um aluno em determinada disciplina requer uma média final maior ou igual a 6,0 (seis), elaborare um programa que receba duas notas, realize o cálculo da média, exiba o valor calculado e também se o aluno está aprovado ou reprovado.

6) Criar um programa que permita ao usuário digitar dois números reais e uma das quatro operações matemáticas básicas e, em seguida, exiba o resultado do cálculo efetuado. A aplicação também não poderá permitir a tentativa de divisão de um número por zero.

7) A partir de cinco números reais, digitados pelo usuário, exibir o valor da média considerando apenas os números que são maiores que zero e menores do que mil.

8) Para converter a temperatura de graus Celsius para Fahrenheit, utiliza-se a fórmula: F = C × 1,8 + 32. Elaborar uma rotina que realize essa conversão a partir de uma temperatura digitada pelo usuário.

9) Por meio do cálculo do Índice de Massa Corporal (IMC) é possível saber se uma pessoa está acima ou abaixo dos parâmetros ideais de peso em relação a sua altura. Para calcular o IMC é necessário dividir o peso (Kg) de uma pessoa pela sua altura (m) elevada ao quadrado. Elaborar um programa que exiba o valor do IMC de uma pessoa e mostre a sua situação em relação à tabela a seguir:

Valor do IMC	Situação
Abaixo de 18,5	Você está abaixo do peso ideal
Entre 18,5 e 24,9	Parabéns, você está em seu peso normal!
Entre 25,0 e 29,9	Você está acima de seu peso (sobrepeso)
Entre 30,0 e 34,9	Obesidade grau I
Entre 35,0 e 39,9	Obesidade grau II
40,0 e acima	Obesidade grau III

10) Elaborar um programa que realize a resolução de uma equação do 2º grau utilizando, para isso, a Fórmula de Báskara.

$$\Delta = b^2 - 4.a.c$$

$$x = \frac{-b \pm \sqrt{\Delta}}{2.a}$$

11) A partir dos lados de um retângulo ou quadrado, digitados pelo usuário, elaborar uma rotina que calcule e exiba o valor da sua área e informe se o mesmo é um retângulo ou um quadrado. Lembrando que a área é obtida pela multiplicação da base (L) pela altura (A).

12) Considerando a moeda Real, Dólar Americano e Euro, elaborar uma rotina na qual o usuário irá digitar o valor, a respetiva moeda e a moeda para a qual deseja converter o valor. Em seguida, o programa deverá calcular e exibir o valor convertido, por exemplo:

```
Entrada:
Digite a moeda: US$
Digite o valor: 100,00
Digite a moeda para qual deseja realizar a conversão: R$

Saída:
Resultado: R$ 245,00
```

Importante: Obter a cotação das moedas no dia da resolução do exercício.

13) Elaborar um programa que realize a conversão entre metros, pés, polegadas e milhas adotando, como referência que 1 polegada = 25.4 Milímetros, 1 pé = 30.48 Centímetros e 1 Milha = 1609.344 metros.

14) A partir de um valor digitado pelo usuário e o respectivo prefixo mostrar a representação do valor nos demais prefixos, por exemplo:

```
Entrada:
Digite o valor: 10.000
Digite o prefixo: M

Saída:
10.000.000 k
10 G
0,01 T
```

Adotar, como referência a tabela mostrada a seguir:

Prefixo	Valor (Decimal)
k (kilo)	10^3 (1000)
M (mega)	10^6 (1,000,000)
G (Giga)	10^9 (1,000,000,000)
T (Tera)	10^{12} (1,000,000,000,000)

15) Utilizando a mesma tabela do exercício anterior, elaborar uma rotina na qual o usuário irá digitar o valor, o respetivo prefixo e o prefixo para a qual deseja representar o valor. Em seguida, o programa deverá exibir a representação do valor, por exemplo:

```
Entrada:
Digite o valor: 1.000.000
Digite o prefixo: M
Digite o prefixo que deseja visualizar: T

Saída:
Resultado: 1 T
```

16) A partir de cinco números inteiros, digitados pelo usuário, determinar e exibir a quantidade de números que são pares.

17) Considerando três números inteiros, fornecidos pelo usuário, exibi-los em ordem crescente.

18) Elaborar uma rotina que, a partir de quatro números inteiros que deverão ser digitados pelo usuário, determine e mostre o maior número par.

19) A partir de quatro números inteiros, inseridos pelo usuário, exibir a quantidade de números que são múltiplos de 5, maiores ou iguais a 100 e menores que 200.

20) Considerando três nomes, digitados pelo usuário, exibi-los em ordem alfabética.

21) Elaborar uma rotina que determine e mostre a diferença entre o maior e o menor valor dentre quatro números reais fornecidos pelo usuário.

22) Desenvolver uma rotina que a partir de 5 letras digitadas pelo usuário, determine e mostre a quantidade de vogais.

23) A área de um triângulo (A) é definida pela metade do produto da altura (H) pela respectiva base (B). Escrever um programa que, a partir dos valores da altura e base, que deverão ser valores reais e maiores que zero digitados pelo usuário, realize o cálculo e exiba o valor da área.

24) O IPVA de um veículo é calculado tomando como base o valor do veículo, o combustível utilizado e o tipo do veículo que serão fornecidos pelo usuário. Em seguida, o IPVA será calculado como 4% do valor do veículo, no caso de automóveis movidos a gasolina ou flex. Já para carros movidos somente a etanol, eletricidade ou gás ou qualquer desses três combustíveis combinados, a alíquota é de 3%. Para motos, camionetes cabine simples e ônibus ou micro-ônibus a alíquota é de 2% e para caminhões, de 1,5%. Elaborar uma rotina que, a partir destas informações, calcule o mostre o valor do IPVA.

25) Elaborar um programa que calcule e exiba o comprimento de uma circunferência, a partir de um raio (R), digitado pelo usuário e que deverá ser um número real positivo. O comprimento é obtido pela fórmula: 2 x π x R.

26) Desenvolver um programa para uma loja que precisa determinar o preço final de uma compra, a partir dos seguintes dados fornecidos pelo usuário: código, descrição, peso, quantidade e preço. Em seguida, para determinar o preço final, devem-se utilizar os seguintes critérios para cálculo:

   a) O preço total (bruto) é obtido multiplicando o preço unitário com a quantidade;

   b) O valor do imposto será obtido por meio das seguintes faixas:

Preço total (bruto)	Valor do Imposto
< R$ 500,00	5,0% do preço total (bruto)
>= R$ 500,00 e < R$ 1.500,00	7,5% do preço total (bruto)
>= R$ 1.500,00	10,0% do preço total (bruto)

   c) Quando o peso total do produto (peso x quantidade) for maior que 10kg acrescentar R$ 50,00 de custo de frete, caso contrário, o frete será gratuito;

   d) O preço final será obtido somando o preço total (bruto) com o valor do imposto e o custo do frete.

27) A partir do salário e categoria, digitados pelos usuário, calcular o reajuste de salário de determinado funcionário baseando-se na tabela mostrada a seguir, sendo que o programa deverá aceitar tanto letras maiúsculas como minúsculas para determinar a categoria do funcionário.

Reajuste	Categoria
10%	A, C
15%	B, D, E
25%	F, L
35%	G, H
50%	I, J

1.10. Estruturas de Repetição

Em várias situações torna-se necessário repetir a execução de uma rotina ou de uma parte do programa, por exemplo, para realizar o cálculo do preço final de uma compra, a partir do preço unitário dos diversos produtos adquiridos por uma pessoa. As **estruturas de repetição**, também conhecidas como laço ou *loop*, são adotadas quando se deseja repetir certo conjunto de instruções por um determinado número de vezes. O número de repetições pode ser conhecido previamente ou não, mas necessariamente precisa ser especificada uma condição que permita o encerramento da estrutura de repetição, pois, caso contrário, o programa nunca chegará ao seu final.

1.10.1. Enquanto

A estrutura **enquanto** consiste em uma estrutura de repetição com o teste no início, ou seja, nesse tipo de estrutura a condição de repetição é verificada antes de entrar no bloco de comandos a serem repetidos. Enquanto a condição for verdadeira, o bloco será repetido. Com o intuito de ilustrar esse conceito, vamos considerar um programa no qual o usuário precisa digitar cinco números inteiros e, após isso, o programa deverá mostrar a somatória dos valores fornecidos.

Utilizando fluxograma, uma das soluções possíveis para o problema encontra-se ilustrada pela Figura 1.38.

66 Aprenda Lógica de Programação e Algoritmos

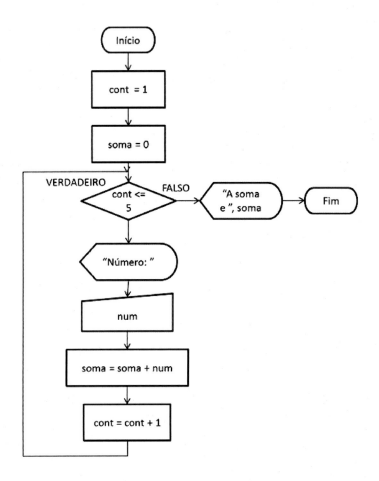

Figura 1.38: Estrutura de repetição - enquanto

Por meio do Portugol podemos utilizar a estrutura de repetição **enquanto** para repetir por cinco vezes a leitura de um número e acumular o seu valor na variável soma. Além disso, devemos ter uma variável que registre a quantidade de repetições já ocorridas para que seja possível, em determinado momento, encerrar as repetições.

{ Portugol }

```
programa
{
  funcao inicio()
  {
    inteiro cont, soma, num

    cont = 1
    soma = 0
    enquanto (cont <= 5)
    {
      escreva ("Número: ")
      leia (num)
      soma = soma + num
      cont = cont + 1
    }
    escreva ("A soma é ", soma)
  }
}
```

Como podemos observar no exemplo e do mesmo modo que já foi explicado anteriormente, o conjunto de instruções a serem executadas dentro de uma estrutura de repetição devem estar delimitadas por abrir e fechar chaves {}, exceto quando apenas uma instrução deve ser repetida, neste caso, o uso das chaves passa a ser opcional.

Em Scratch não temos o bloco "enquanto", porém temos um bloco de montagem similar que é o "repita até que". Este bloco também permite realizar a repetição de um conjunto bloco de montagens até que a condição do "repita até que" seja verdadeira.

Desta forma, devemos ter cuidado em relação à expressão que será utilizada para determinar se a repetição deve ou não prosseguir. No **enquanto** a repetição ocorre enquanto a condição for verdadeira, isto é, neste exemplo, **enquanto (cont <= 5)**. Por outro lado, no bloco "repita até que" a repetição ocorre enquanto a condição for falsa, por isso temos **cont > 5**, conforme podemos observar na Figura 1.39.

68　Aprenda Lógica de Programação e Algoritmos

Figura 1.39: Estrutura de repetição – repita até que

1.10.2. Faça enquanto

A estrutura faça enquanto é uma estrutura de repetição com teste no fim. Ela permite que um ou mais comandos sejam executados enquanto a condição seja verdadeira. A estrutura é muito parecida com enquanto, porém a diferença básica consiste no fato que quando utilizamos **faça** o conjunto de comandos a serem repetidos será executado pelo menos uma vez, independente da condição, pois a verificação é realizada apenas no fim do bloco de instruções a serem repetidas, pela instrução **enquanto**.

Considerando o mesmo exemplo utilizado anteriormente, ou seja, precisamos escrever um programa no qual o usuário precisa digitar cinco números inteiros e, após isso, o programa deverá mostrar a somatória dos valores fornecidos. Inicialmente, vamos desenvolver o fluxograma da solução do problema (Figura 1.40). Observe, neste caso, que o teste da condição (cont <= 5) é realizado após bloco de repetição.

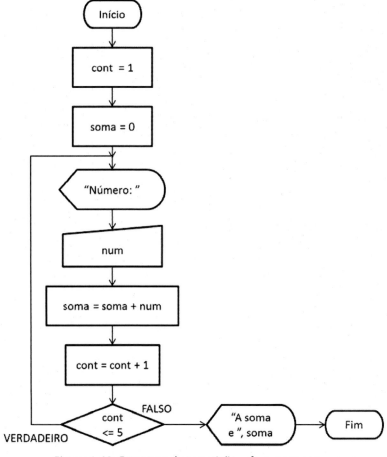

Figura 1.40: Estrutura de repetição – faça enquanto

Utilizando pseudolinguagem, utilizaremos a estrutura de repetição **faça enquanto** para desenvolver a solução do problema:

{Portugol}
```
programa
{
  funcao inicio()
  {
    inteiro cont, soma, num

    cont = 1
    soma = 0
    faca
    {
      escreva ("Número: ")
      leia (num)
      soma = soma + num
      cont = cont + 1
    } enquanto (cont <= 5)
    escreva ("A soma é ", soma)
  }
}
```

IMPORTANTE: Em Scratch não há um bloco que implementa **faça enquanto**, dessa maneira, devemos utilizar o bloco **"repita até que"** na solução deste tipo de problema.

1.10.3. Para

O terceiro tipo de estrutura de repetição é aquela que utiliza uma variável para controle sendo, representada em Portugol, pelo comando **para**. Nesse tipo de estrutura a variável de controle define exatamente o número de vezes que um determinado conjunto de comandos deverá ser executado.

Com o intuito de ilustrar o uso do comando **para** vamos continuar a utilizar o mesmo exemplo, ou seja, o usuário precisa digitar cinco números inteiros e, após isso, o programa deverá mostrar a somatória dos valores fornecidos.

Na Figura 1.41 temos a solução representada por um fluxograma. Observe que, neste caso, utilizaremos um hexágono para representar a instrução **para**. Observe que dentro da instrução **para** devemos especificar a variável que irá atuar como contador, em seguida temos o seu valor inicial, o valor final e o passo (incremento).

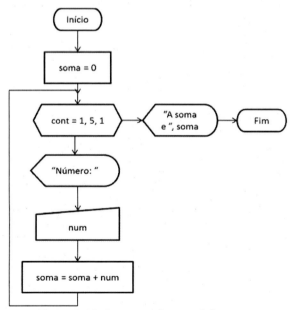

Figura 1.41: Estrutura de repetição - para

A solução, por meio do Portugol, pode ser observada a seguir. Dentro da instrução **para**, iniciamos a variável cont com 1. Em seguida, definimos a condição para repetição que, neste exemplo, será enquanto o valor da cont for menor ou igual a cinco (cont <= 5). Se a condição for verdadeira o bloco de comando é repetido, caso contrário o comando **para** é finalizado. Por último é realizado o incremento que, neste caso, é cont = cont + 1.

{ Portugol }
```
programa
{
  funcao inicio()
  {
    inteiro cont, soma, num

    soma = 0
    para (cont = 1; cont <= 5; cont = cont + 1)
    {
      escreva ("Número: ")
      leia (num)
      soma = soma + num
    }
    escreva ("A soma é ", soma)
  }
}
```

Em Scratch a estrutura similar ao **para** é o bloco de montagem "repita", desta maneira, conforme mostrado na Figura 1.42, utilizamos a bloco para realizar a repetição por cinco vezes de modo a permitir a digitação dos cinco valores numéricos.

Figura 1.42: Estrutura de repetição – repita

Como inconveniente podemos observar que no bloco de montagem "repita" não é possível controlar o passo, ou seja, ele sempre atuará com um passo igual a um. Dessa forma, em situações onde for necessário atuar com passos diferentes de um, utilize o bloco de montagem "repita até que" ao invés do bloco "repita".

Exercícios

Desenvolver as soluções para os problemas a seguir utilizando fluxograma, pseudolinguagem e Scratch.

1) Escreva um programa que realize a exibição dos números inteiros pares entre 0 e 100.

2) Escreva um programa que realize a exibição, em ordem decrescente, dos números inteiros entre 0 e 200 e que também sejam múltiplos de 5.

3) Elaborar um programa que exiba os números inteiros contidos em um intervalo digitado pelo usuário.

4) Considerando uma moeda lançada 10 vezes, criar uma aplicação que determine o número de ocorrências de cada um dos lados.

5) Escrever um programa que mostre os números ímpares entre 101 e 121.

6) Elaborar uma rotina que mostre a tabuada de um determinado número inteiro entre 1 e 10 fornecido pelo usuário.

7) A partir de dois números inteiros digitados pelo usuário escrever uma rotina que mostre a média dos valores inteiros contidos no intervalo entre esses dois números.

8) Considerando 10 números reais digitados pelo usuário, exibir o menor deles.

9) Considerando 15 números inteiros digitados pelo usuário, exibir o maior deles.

10) Considerando 10 números reais digitados pelo usuário, exibir o valor da diferença entre o maior e o menor deles.

11) Determinada loja precisa digitar o nome e o preço dos seus produtos. Após cada produto digitado, deverá ser realizada uma pergunta se deseja digitar outro produto. Caso o usuário responda "sim", um novo produto será digitado, caso contrário, o programa deverá, antes de encerrar, exibir o nome do produto mais caro.

12) Obter, pela digitação, 10 números divisíveis por 3, calcular a soma entre eles e mostrar o resultado.

13) Considerando seis números inteiros representando dois intervalos de tempo (horas, minutos e segundos), elaborar uma rotina que calcule a diferença de tempo entre os intervalos.

14) A partir de uma temperatura e opção de conversão, fornecidas pelo usuário, realize conversão entre temperaturas conforme ilustrado pela tabela a seguir. Após cada conversão o programa deverá perguntar se o usuário deseja realizar uma nova conversão. Quando o usuário digitar "sim" uma nova temperatura e opção de conversão deverão ser solicitadas, caso contrário, o programa deverá ser encerrado.

De	Para	Fórmula
Celsius	Fahrenheit	°F = °C × 1,8 + 32
Fahrenheit	Celsius	°C = (°F − 32) / 1,8
Celsius	Kelvin	K = °C + 273,15
Kelvin	Celsius	°C = K − 273,15
Fahrenheit	Kelvin	K = (°F + 459,67) / 1,8
Kelvin	Fahrenheit	°F = K × 1,8 - 459,67

15) Considerando um número inteiro digitado pelo usuário, calcular e exibir o valor da sua fatorial.

16) Escrever um programa que mostre a soma dos números ímpares entre 51 e 91.

17) Desenvolver um programa que mostre a média dos números pares maiores que zero e menores que vinte.

18) Considerando os números entre 40 e 80, elaborar uma rotina que mostre a quantidade de números neste intervalo que são múltiplos de 4.

19) Mostrar a quantidade de números múltiplos de 7 que estão em um intervalo fornecido pelo usuário.

20) Elaborar um programa que calcule e mostre os 6 primeiros números da Sequência de Fibonacci, ou seja, 1, 2, 3, 5, 8 e 13.

21) Criar uma rotina que mostre a somatória dos 10 primeiros valores da Sequência de Fibonacci.

22) Desenvolver um programa que receba um número inteiro, digitado pelo usuário, e calcule o produto dos números pares de 1 até o número fornecido pelo usuário.

23) Considerando um número inteiro ímpar, digitado pelo usuário, exiba na tela um diamante, por exemplo, se o usuário digitou nove, devemos obter a seguinte saída:

```
    *
   ***
  *****
 *******
*********
 *******
  *****
   ***
    *
```

24) Faça uma rotina que permita calcular o valor da associação em série de três resistores R1, R2 e R3, que serão digitados pelo usuário. O programa ficará solicitando os valores de R1, R2 e R3 e exibindo o resultado até que o usuário digite um valor para R1, R2 ou R3 igual a zero. O valor da associação em série de três resistores será obtido pela fórmula: R = R1 + R2 + R3.

25) Faça uma rotina que permita calcular o valor da associação em paralelo de dois resistores R1 e R2, que serão digitados pelo usuário e consistem em números reais positivos. O programa ficará solicitando os valores de R1 e R2 e exibindo o resultado até que o usuário digite um valor para R1 ou R2 igual a zero. O valor da associação em paralelo de dois resistores será obtido pela fórmula: R = R1 x R2 / (R1 + R2).

26) Elabore um programa que determine quantos números são múltiplos de 2 e de 3 no intervalo entre 1 e 100.

27) Desenvolva uma rotina que apresente os valores de conversão de graus Celsius em Fahrenheit, de 10 em 10 graus, iniciando a contagem em 0° Celsius e finalizando em 100° Celsius. A rotina deverá exibir tanto o valor em Celsius quanto em Fahrenheit e a seguinte fórmula deverá ser adotada: °F = °C × 1,8 + 32.

28) Desenvolver uma rotina que a partir de 10 letras digitadas pelo usuário, determine e mostre a quantidade de vogais e também a quantidade de consoantes.

29) Elaborar um programa que apresente a resolução do seguinte problema: "Determinada loja precisa digitar o nome e o preço de 10 produtos. Após a digitação dos 10 produtos o programa deverá, antes de encerrar, exibir o nome do produto mais caro".

30) Elaborar um programa que imprima a sequência a seguir. Ou seja, para um número inteiro "n", digitado pelo usuário, exibir até a n-ésima linha, por exemplo:

```
1
2 2
3 3 3
4 4 4 4
...
n n n n n ... n
```

31) Desenvolver um programa que sorteie um número aleatório entre 0 e 500 e pergunte ao usuário qual é o "número mágico". O programa deverá indicar se a tentativa efetuada pelo usuário é maior ou menor que o número mágico e contar o número de tentativas. O programa apenas deverá encerrar quando o usuário acertar o número. Neste momento, também deverá mostrar uma mensagem, classificando o usuário como:

- De 1 a 3 tentativas: muito sortudo;
- De 4 a 6 tentativas: sortudo;
- De 7 a 10 tentativas: normal;
- 10 tentativas: tente novamente.

32) Desenvolver uma rotina que a partir de um caractere e uma determinada quantidade de linhas e colunas, todos fornecidos pelo usuário, realize a repetição do respectivo carectere na quantidade de linhas e colunas que foram digitadas. Por exemplo:

```
Entrada:
Linhas? 3
Colunas? 5
Caractere? X
```

```
Saída:
XXXXX
XXXXX
XXXXX
```

33) Elaborar um programa que a partir de uma determinada quantidade de linhas e colunas digitadas pelo usuário exiba um retângulo, por exemplo:

```
Entrada:
Linhas? 4
Colunas? 6

Saída:
+----+
|    |
|    |
+----+
```

1.11. Vetores e Matrizes

Até o momento utilizamos variáveis que permitem o armazenamento de apenas um valor por vez, quando um novo valor é atribuído o anterior é apagado. Porém, há casos, em que se torna necessário armazenar um conjunto de valores.

Os vetores podem ser entendidos como uma lista de elementos de um mesmo tipo de dado e que exploram a contiguidade da memória. Dessa forma, qualquer elemento dessa lista pode ser acessado instantaneamente por um índice. Quando os vetores possuem mais de uma dimensão os mesmos se tornam matrizes.

Considerando uma situação em que é necessário armazenar cinco números inteiros, é possível observar que o vetor "v", mostrado na Figura 1.43, irá conter um conjunto de valores, onde cada valor pode ser individualmente acessado por meio de um índice:

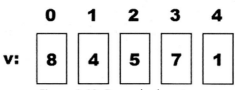

Figura 1.43: Exemplo de vetor

Dessa forma, nesse primeiro exemplo, temos que o primeiro elemento do vetor encontra-se referenciado pelo índice zero (0) e todos os demais elementos apresentam-se nas posições subsequentes. Dentro desse conceito, para determinar o valor do terceiro elemento do vetor, utilizaremos a notação v[2], o que nos retornará o valor 5.

As próximas abordagens utilizam-se do conceito de contiguidade para determinar qualquer posição dentro do vetor a partir de uma determinada posição relativa, como podemos observar na Figura 1.44.

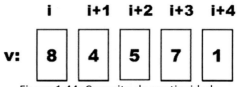

Figura 1.44: Conceito de contiguidade

Adotando o índice inicial do vetor como i, qualquer elemento pode ser acessado pela fórmula i + n, onde n possui o número de posições que o elemento está distante de i. Por exemplo, i + 1 fará com que o elemento de valor 4, ou seja v[i + 1], seja acessado.

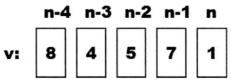

Figura 1.45: Acesso a partir da posição final

Por outro lado, como mostrado na Figura 1.45, é possível também fazer o caminho inverso. Nesse caso a partir de uma posição final é possível determinar as demais posições. O vetor utilizado nos exemplos anteriores poderia ser declarado em pseudocódigo da seguinte maneira:

{ Portugol }
```
inteiro vetor[5]
```

Enquanto que a operação de atribuição dos valores deve sempre conter o índice da posição que irá armazenar o valor, ou seja:

{ Portugol }
```
vetor[0] = 8
vetor[1] = 4
vetor[2] = 5
vetor[3] = 7
vetor[4] = 1
```

As estruturas de repetição, em especial o comando **para**, são ideais para percorrer os vetores. Por exemplo, para exibir os valores armazenados no vetor podemos utilizar o seguinte pseudocódigo.

{ Portugol }
```
para (inteiro i = 0; i < 5; i = i + 1)
{
   escreva (vetor[i])
}
```

Dessa forma, no programa a seguir podemos unir todos os conceitos sobre vetores que explicamos até o presente momento. Nesse caso, o vetor é declarado, em seguida, os valores são atribuídos a cada um dos elementos e, ao final, utilizamos a função **escreva**, dentro da estrutura de repetição **para**, que irá exibir os valores armazenados.

{ Portugol }
```
programa
{
   funcao inicio()
   {
      inteiro vetor[5]

      vetor[0] = 8
      vetor[1] = 4
      vetor[2] = 5
      vetor[3] = 7
      vetor[4] = 1

      para (inteiro i = 0; i < 5; i = i + 1)
      {
         escreva (vetor[i], ", ")
      }
   }
}
```

Em Scratch o conceito de vetores é implementado por meio de listas que são dinâmicas, quer dizer, diferente de um vetor, não temos que declarar o tamanho máximo da lista. Observe também, pelo exemplo apresentado na Figura 1.46, que o acesso aos elementos da lista é a partir do índice um, ao contrário do índice zero utilizado nos vetores.

Figura 1.46: Vetores em Scratch

De maneira alternativa, em Portugol, podemos inicializar os itens do vetor no momento da sua declaração, dessa forma, o exemplo que acabamos de desenvolver poderia ser reescrito da seguinte forma:

{ Portugol }
```
programa
{
    funcao inicio()
```

```
    {
        inteiro vetor[5] = {8, 4, 5, 7, 1}
        para (inteiro i = 0; i < 5; i = i + 1)
        {
            escreva (vetor[i], ", ")
        }
    }
}
```

No próximo exemplo a ser desenvolvido, vamos considerar uma situação na qual precisamos determinar e, em seguida, exibir o valor da média de cinco números reais digitados pelo usuário. Na Figura 1.47 podemos observar um fluxograma contendo uma das resoluções possíveis do problema.

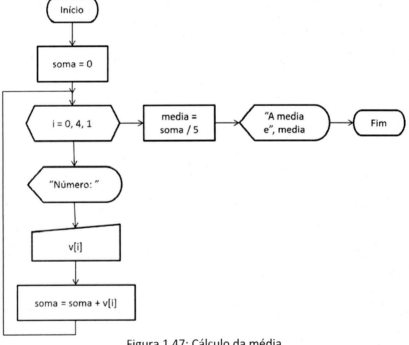

Figura 1.47: Cálculo da média

Capítulo 1 - Lógica de Programação e Algoritmos 85

Em Portugol podemos apresentar a seguinte solução, sendo importante observar a declaração do vetor "v" e também o uso de uma estrutura de repetição para obter os valores de cada item do vetor e, em seguida, utilizar o valor armazenado para acumular na variável "soma". Ao término do **para** a média é calculada e exibida.

{ Portugol }
```
programa
{
   funcao inicio()
   {
      real v[5], soma, media
      soma = 0.0
      para (inteiro i = 0; i < 5; i = i + 1)
      {
         escreva ("Número: ")
         leia (v[i])
         soma = soma + v[i]
      }
      media = soma / 5
      escreva ("A média é ", media)
   }
}
```

Na Figura 1.48 temos a implementação do exemplo em Scratch, adotando o conceito de lista.

86 Aprenda Lógica de Programação e Algoritmos

Figura 1.48: Cálculo da média em Scratch

Estruturas que necessitam de mais que um índice para identificar os itens armazenados são conhecidas por **matrizes**. Então, uma matriz possui "n" dimensões, onde "n" consiste em um valor maior do que um. Como exemplo podemos citar uma matriz com dimensão 2, isto é, uma matriz que utiliza dois índices para identificar um elemento. Assim, no exemplo a seguir, vamos considerar uma situação na qual precisamos armazenar as duas notas de três alunos, desta forma, as variáveis "i" e "j" correspondem aos índices da matriz "nota" sendo necessária a utilização de dois laços para acessar todos os elementos da matriz.

{ Portugol }
```
programa
{
  funcao inicio()
  {
    real nota[3][2]

    para (inteiro i = 0; i < 3; i++)
    {
      para (inteiro j = 0; j < 2; j++)
      {
        escreva ("Elemento ", i, ", ", j, ": ")
        leia (nota[i][j])
      }
    }
  }
}
```

Vamos ilustrar esse conceito a partir de um problema no qual é necessário armazenar um conjunto de notas de alunos de uma determinada turma com 10 alunos, na qual, cada aluno possui duas notas. Em seguida, o programa deverá calcular e exibir a média final de cada um dos alunos indicando, caso a média seja menor que 6,0 (seis), que o aluno está reprovado, caso contrário, deverá mostrar como aprovado.

Na Figura 1.49 podemos observar o fluxograma contendo uma das soluções possíveis para o problema.

88 Aprenda Lógica de Programação e Algoritmos

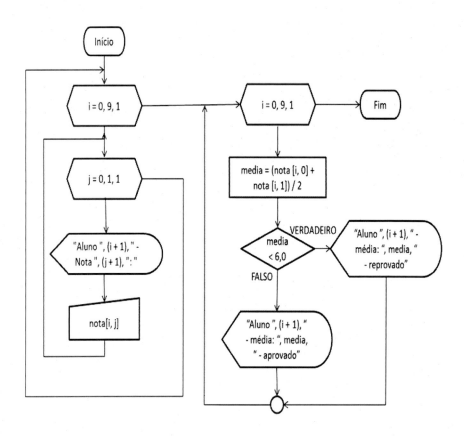

Figura 1.49: Cálculo da média final dos alunos

Utilizando pseudolinguagem o problema poderia ser resolvido da seguinte maneira:

Capítulo 1 - Lógica de Programação e Algoritmos

{ Portugol }
```
programa
{
  funcao inicio()
  {
    real nota[10][2], media

    para (inteiro i = 0; i < 10; i = i + 1)
    {
      para (inteiro j = 0; j < 2; j = j + 1)
      {
        escreva ("Aluno ", (i + 1), " - Nota ", (j + 1),
": ")
        leia (nota[i][j])
      }
    }

    para (inteiro i = 0; i < 10; i = i + 1)
    {
      media = (nota[i][0] + nota[i][1]) / 2
      se (media < 6)
        escreva("Aluno ", i, " - média: ", media, " - reprovado\n")
      senao
        escreva("Aluno ", i, " - média: ", media, " - aprovado\n")
    }
  }
}
```

Observe no trecho de programa a seguir que a entrada de dados utilizará duas estruturas de repetição. A primeira estrutura de repetição, que utiliza a variável "i", será responsável por identificar cada aluno, enquanto a segunda estrutura de repetição, que utiliza a variável "j", indicará a nota, ou seja:

{ Portugol }

```
para (inteiro i = 0; i < 10; i = i + 1)
{
  para (inteiro j = 0; j < 2; j = j + 1)
  {
    escreva ("Aluno ", (i+1), " - Nota ", (j+1), ": ")
    leia (nota[i][j])
  }
}
```

Depois, com o intuito de determinar a média de cada aluno, iremos utilizar um laço que irá acessar os dez alunos, realizar o cálculo e verificar a sua situação: aprovado ou reprovado, conforme podemos notar no trecho de programa mostrado a seguir.

{ Portugol }

```
para (inteiro i = 0; i < 10; i = i + 1)
{
  media = (nota[i][0] + nota[i][1]) / 2
  se (media < 6)
    escreva("Aluno ", i, " - média: ", media, " - reprovado\n")
  senao
    escreva("Aluno ", i, " - média: ", media, " - aprovado\n")
}
```

Considerando a solução desse problema utilizando Scratch (Figura 1.50) devemos notar que não temos o conceito de matriz, dessa forma, devemos criar duas listas. Uma lista conterá a primeira nota de cada um dos alunos, enquanto a outra lista conterá a segunda nota.

Figura 1.50: Cálculo da média final em Scratch

Exercícios

Desenvolver as soluções para os problemas a seguir, utilizando fluxograma, pseudolinguagem e Scratch.

1) Dada uma sequência de 10 números inteiros, imprimi-la na ordem inversa à da leitura.

2) Considerando 5 números reais digitados pelo usuário e armazenados em um vetor, exibir o valor da somatória dos mesmos.

3) Deseja-se determinar o número de acertos de um aluno em uma prova em forma de testes. A prova consta de 25 questões, cada uma com alternativas identificadas por A, B, C, D e E. Para determinar os acertos, esta prova deverá ser comparada ao seguinte gabarito: B, C, A, D, B, B, E, C, A, B, D, A, A, A, A, B, D, C, E, E, A, C, E, D, B.

4) Um dado de jogo foi lançado 20 vezes. A partir dos resultados dos lançamentos, determinar o número de ocorrências de cada face.

5) Dados dois vetores A e B, ambos com 5 elementos, determinar o produto desses vetores.

6) Dado um vetor de 10 números inteiros, determinar o número de vezes que cada um deles ocorre no mesmo. Por exemplo, o vetor = [7, 3, 9, 5, 9, 7, 2, 7, 7, 2], produziria a seguinte saída: 7 ocorre 4 vezes, 3 ocorre 1 vez, 9 ocorre 2 vezes, 5 ocorre 1 vez e 2 ocorre 2 vezes.

7) Em uma classe há 10 alunos, cada um dos quais realizou 3 provas com pesos distintos, sendo que a primeira prova possui peso 3, a segunda possui peso 4 e a terceira, peso 3. Após o lançamento das notas, calcular a média ponderada para cada um dos alunos.

8) Dada uma sequência de 5 números inteiros digitados pelo usuário, determinar e exibir a média.

9) Dada uma matriz real A[4x3], verificar se existem elementos repetidos em A.

10) Implemente o tradicional jogo da velha a partir de uma matriz 3 por 3, sendo que a matriz deve representar os seguintes valores possíveis: O, X e nulo (vazio).

11) Considerando o vetor A com tamanho 10 e os valores 4, 7, 2, 5; e o vetor B com tamanho 3 e os valores 3, 2, 1. Escrever uma função que insira os elementos do vetor B ao final do vetor A.

12) Considerando um vetor contendo, no máximo, 12 números reais digitados pelo usuário, elaborar uma rotina que mostre o maior número armazenado no vetor.

13) Representar em uma matriz e, em seguida, exibir na tela o seguinte estado de um jogo da velha:

O	X	
	O	
X		O

14) Desenvolver um algoritmo que efetue a leitura de dez números inteiros e os armazene no vetor "A". Em seguida o vetor "B" do mesmo tipo de dado, deverá ser carregado observando a seguinte regra: se o valor do índice for par, o valor do elemento deverá ser multiplicado por 5, caso contrário, deverá ser somado com 5. Ao final, o programa deverá mostrar os valores armazenados nos dois vetores.

15) Armazenar em um vetor os primeiros 20 números inteiros positivos que são múltiplos de 5.

16) Considerando um vetor de 500 números inteiros, carregado randomicamente com valores entre 1 e 1000, calcular e exibir o valor da média dos elementos armazenados no vetor.

17) Considerando um vetor de 200 números inteiros, carregado randomicamente com valores entre 1 e 100, exibir apenas o valores armazenados no vetor que sejam múltiplos de 4.

1.12. Funções

Tendo em vista que os programas vão se tornando mais complexos, torna-se necessário estruturar o código em partes menores com funcionalidades especificas. Dessa forma, as **funções** podem ser definidas como sub-rotinas que executam uma tarefa particular dentro do programa. Outra vantagem da utilização das funções consiste em permitir a reutilização de parte do programa, evitando assim que um mesmo trecho do código tenha que ser escrito várias vezes.

Vamos considerar uma aplicação que implemente uma calculadora simples, na qual o usuário irá escolher qual das quatro operações aritméticas básicas será realizada. Em seguida, o programa realizará a leitura de dois números reais e exibirá o resultado da operação escolhida.

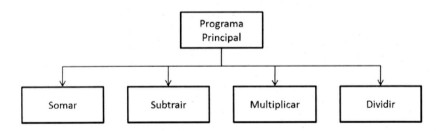

Figura 1.51: Modularização de programas

Conforme mostrado na Figura 1.51, aplicando o conceito de **funções**, o programa pode ser modularizado em rotinas específicas para cada uma das operações desejadas, deixando na rotina principal apenas um "menu" para o usuário escolher a operação desejada.

1.12.1. Funções sem retorno (ou procedimentos)

Inicialmente devemos realizar a especificação das funções. A partir do momento que um projeto segue os conceitos de modularização um novo fluxograma deve ser definido para uma das funções. Aplicando esses conceitos e conforme ilustrado na Figura 1.52, vamos elaborar o fluxograma da função **somar**. Observe que o símbolo de início irá receber no nome da função, ou seja, **somar**. Por outro lado, o símbolo de fim será identificado como retornar, indicando o término da função e partir desse momento a execução continua na rotina que fez a chamada da função.

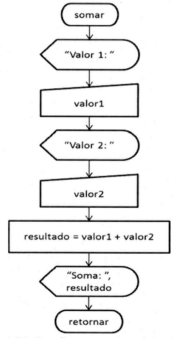

Figura 1.52: Função para somar dois números

Será solicitada ao usuário a entrada de dados que, por sua vez, serão atribuídos a duas variáveis reais, em seguida, a soma será realizada e armazenada na variável "resultado". Concluindo a função, o valor da operação realizada será exibido. Na implementação em Portugol, a seguir, observe que esta função foi declarada com a palavra reservada **vazio**, indicando que a mesma realizará o processamento, porém não retornará um valor à função que a chamou que, no nosso exemplo, é a função inicio. Também é importante salientar que as funções devem ser declaradas dentro da instrução **programa**.

{ Portugol }
```
funcao vazio somar()
{
  real valor1, valor2, resultado

  escreva ("Valor 1: ")
  leia (valor1)
  escreva ("Valor 2: ")
  leia (valor2)
  resultado = valor1 + valor2
  escreva ("Soma: ", resultado)
}
```

Em Scratch temos que criar um novo bloco, dessa forma, selecione a opção "Mais blocos" e depois clique no botão "Criar um bloco". Defina o nome do bloco como "somar" e clique no botão "OK". Em seguida, implemente os blocos que serão responsáveis pelo funcionamento do bloco somar (Figura 1.53).

Figura 1.53: Bloco de montar "somar"

Em seguida, devemos realizar a declaração das outras funções que serão utilizadas no exemplo, ou seja, **subtrair**, **multiplicar** e **dividir**. Neste caso, vamos apenas especificar a sua estrutura sem nos preocuparmos com a implementação em si, a qual poderá ser realizada posteriormente.

{ Portugol }
```
funcao vazio subtrair()
{
   // Realizar a subtração de dois números reais
}

funcao vazio multiplicar()
{
   // Realizar a multiplicação de dois números reais
}

funcao vazio dividir()
```

98 Aprenda Lógica de Programação e Algoritmos

```
{
    // Realizar a divisão de dois números reais
}
```

Na Figura 1.54 temos a criação dos demais blocos que serão utilizados na rotina principal. Assim como fizemos em Portugol, eles não precisam ser implementados neste momento, apenas devem estar criados.

Figura 1.54: Novos blocos que serão utilizados

Após a definição das funções, agora podemos construir o fluxograma do programa principal (Figura 1.55), o qual será responsável pela chamada das funções que definimos anteriormente.

Capítulo 1 - Lógica de Programação e Algoritmos

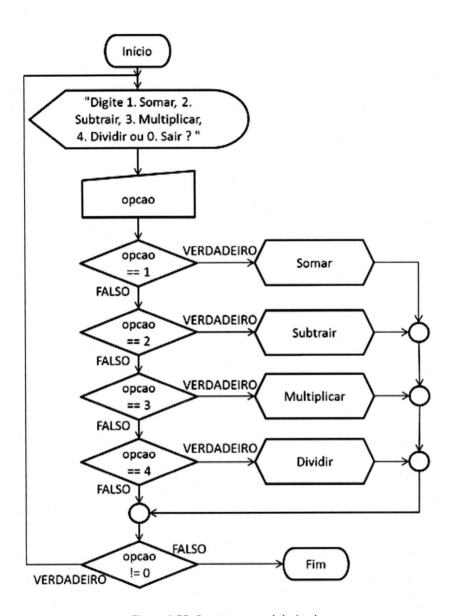

Figura 1.55: Programa modularizado

No código-fonte a seguir, podemos visualizar como o programa principal poderia ser representado pela pseudolinguagem (Portugol). Observe a utilização das estruturas **faça enquanto** e **se** para implementar o "menu" da aplicação, na qual cada função será chamada a partir da respectiva opção escolhida pelo usuário.

{ Portugol }

```
programa
{
  funcao inicio()
  {
    inteiro opcao

    faca
    {
      escreva ("\nDigite 1. Somar, 2. Subtrair, 3. Multiplicar, 4. Dividir ou 0. Sair ? ")
      leia (opcao)

      se (opcao == 1)
        somar()
      senao
        se (opcao == 2)
          subtrair()
        senao
          se (opcao == 3)
            multiplicar()
          senao
            se (opcao == 4)
              dividir()
    } enquanto (opcao != 0)
  }
}
```

Capítulo 1 - Lógica de Programação e Algoritmos 101

Em Scratch podemos implementar o módulo principal de maneira similar à ilustrada pela Figura 1.56.

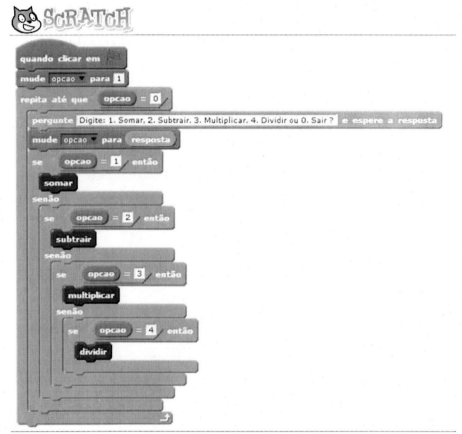

Figura 1.56: Programa principal

1.12.1 Funções com retorno

As **funções** também podem ser utilizadas retornando valores, neste caso elas podem ser utilizadas em expressões, como se fossem identificadores, isto é, uma função retorna um valor de um determinado tipo de dado.

Ilustrando esse conceito, vamos considerar um problema que consiste em realizar o cálculo da fatorial de um número inteiro a ser digitado pelo usuário. O desenvolvimento do fluxograma irá aplicar o conceito de modularização. Na Figura 1.57 mostraremos o programa principal.

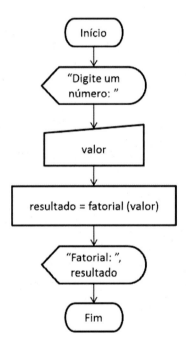

Figura 1.57: Cálculo da fatorial

Em seguida, na Figura 1.58, apresentamos o fluxograma da função que irá implementar a lógica para a resolução da fatorial.

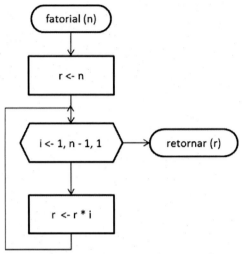

Figura 1.58: Função para resolver uma fatorial

A seguir temos a solução completa do problema implementada em Portugol:

{ Portugol }
```
programa
{
   funcao inteiro fatorial (inteiro n)
   {
      inteiro r = n

      para (inteiro i = 1; i <= (n - 1); i = i + 1)
      {
         r = r * i
      }
      retorne (r)
   }

   funcao inicio()
   {
      inteiro valor, resultado
```

```
        escreva ("Digite um número: ")
        leia (valor)
        resultado = fatorial(valor)
        escreva ("Fatorial: ", resultado)
    }
}
```

IMPORTANTE: Em Scratch não é possível declarar novos blocos que possibilitam o retorno de um determinado valor.

1.12.3. Escopo das variáveis

A partir do momento que começamos a modularizar os programas torna-se necessário entender a definição de **escopo das variáveis**. O conceito de escopo define o ciclo de vida das variáveis utilizadas no programa e nos procedimentos e funções. As **variáveis globais** são declaradas no algoritmo principal e são acessíveis por todos os algoritmos hierarquicamente inferiores. A seguir temos o algoritmo da calculadora simples, já desenvolvido anteriormente, porém agora utilizando o conceito de variável global. Observe que as variáveis "valor1", "valor2" e "resultado" encontram-se declaradas no programa principal estando, dessa forma, disponíveis para todas as funções do programa, ou seja, **inicio**, **somar**, **subtrair**, **multiplicar** e **dividir**.

{Portugol}
```
programa
{
   inteiro opcao
   real valor1, valor2, resultado
```

```
funcao vazio somar()
{
  escreva ("Valor 1: ")
  leia (valor1)
  escreva ("Valor 2: ")
  leia (valor2)
  resultado = valor1 + valor2
  escreva ("Soma: ", resultado)
}

funcao vazio subtrair()
{
  // Realizar a subtração de dois números reais
}

funcao vazio multiplicar()
{
  // Realizar a multiplicação de dois números reais
}

funcao vazio dividir()
{
  // Realizar a divisão de dois números reais
}

funcao inicio()
{
  faca
  {
    escreva ("Digite 1. Somar, 2. Subtrair, 3. Multiplicar, 4. Dividir ou 0. Sair ? ")
    leia (opcao)

    se (opcao == 1)
      somar()
    senao
      se (opcao == 2)
        subtrair()
```

```
            senao
                se (opcao == 3)
                    multiplicar()
                senao
                    se (opcao == 4)
                        dividir()
        } enquanto (opcao != 0)
    }
}
```

Por outro lado, as **variáveis locais** são aquelas declaradas dentro de um procedimento ou função e são acessíveis exclusivamente dentro do respectivo procedimento ou função. No exemplo a seguir, as variáveis encontram-se declaradas na função **somar**, deste modo, apenas existiram durante a execução da função e também não são acessíveis pelo programa principal ou por qualquer outra função do programa.

{ Portugol }
```
funcao vazio somar()
{
    real valor1, valor2, resultado

    escreva ("Valor 1: ")
    leia (valor1)
    escreva ("Valor 2: ")
    leia (valor2)
    resultado = valor1 + valor2
    escreva ("Soma: ", resultado)
}
```

Capítulo 1 - Lógica de Programação e Algoritmos 107

IMPORTANTE: Em Scratch o conceito de escopo das variáveis está associado ao conceito de ator, o qual não é abordado nesta obra.

Exercícios

Desenvolver as soluções para os problemas a seguir utilizando fluxograma, Portugol e Scratch.

1) Termine o exemplo da calculadora simples, desenvolvendo os procedimentos que faltam: Subtrair, Multiplicar e Dividir.

2) Acrescentar ao exemplo da calculadora simples um procedimento para calcular o quadrado de um número real digitado pelo usuário.

3) Considerando o problema de conversão de temperatura já apresentando anteriormente, resolvê-lo aplicando o conceito de procedimentos. A partir de uma temperatura e opção de conversão fornecidas pelo usuário, realize conversão entre temperaturas conforme ilustrado pela tabela a seguir. Após cada conversão o programa deverá perguntar se o usuário deseja realizar uma nova conversão. Quando o usuário digitar "sim" uma nova temperatura e a opção de conversão deverão ser solicitadas, caso contrário, o programa deverá ser encerrado.

De	Para	Fórmula
Celsius	Fahrenheit	°F = °C × 1,8 + 32
Fahrenheit	Celsius	°C = (°F − 32) / 1,8
Celsius	Kelvin	K = °C + 273,15
Kelvin	Celsius	°C = K − 273,15
Fahrenheit	Kelvin	K = (°F + 459,67) / 1,8
Kelvin	Fahrenheit	°F = K × 1,8 - 459,67

1.13. Estruturas, Registros e Campos

Os vetores e as matrizes, abordados anteriormente, permitem expressar o conceito de coleções em uma linguagem de programação. Porém, exigem que todos os seus elementos possuam um mesmo tipo de dado, mas, em algumas situações, torna-se necessário representar coleções nas quais temos tipos de dados diferentes.

Por outro lado, no mundo real, frequentemente torna-se necessário representar e relacionar vários conjuntos de dados. Por exemplo, um cliente de uma loja possui como atributos que o caracterizam o nome, endereço e o telefone. Porém, os clientes de uma determinada loja são muitos e não apenas um. Neste contexto, temos o conceito de **estruturas** que pode ser entendido como a definição de um conjunto de atributos, conhecidos como **campos**, que juntos irão caracterizar cada um dos itens do conjunto de dados. Desta forma, podemos criar um vetor a partir de uma estrutura o que permitirá a representação de um conjunto de dados. Cada item desta coleção é chamado de **registro**.

Capítulo 1 - Lógica de Programação e Algoritmos

Como exemplo, imagine um conjunto de informações de produtos conforme mostrado na tabela a seguir:

Código	Descrição	Preço
11	Televisor	1.900,00
12	Rádio	90,00
14	Notebook	2.380,00
15	Bluray Player	500,00

Neste caso, devemos criar uma estrutura que permita representar os dados que definem um produto, ou seja, nesse exemplo, código, descrição e preço. Em seguida, devemos declarar um vetor a partir da estrutura que foi definida conforme podemos observar no código-fonte a seguir.

IMPORTANTE: Até a data de conclusão deste livro o programa Portugol Studio não implementava a funcionalidade de estruturas, registros e campos. Dessa forma, os exemplos neste tópico são conceituais e estão desenvolvidos para fins exclusivamente didáticos com o intuito de ilustrar os conceitos abordados. <u>Não funcionarão se implementados no Portugol Studio.</u>

```
programa
{
   const inteiro MAX = 10

   estrutura produto
   {
      inteiro código
      cadeia descricao
```

```
}

estrutura produto prod[MAX]

funcao inicio()
{

}
}
```

É importante observar que um item do vetor representa o conjunto de características de um único produto. Também sabemos que os dados se referem a um mesmo produto, pois o índice é o mesmo. Nesse mesmo exemplo, também declararmos uma constante que irá determinar o tamanho máximo do vetor, ou seja, nesta estrutura que definimos temos o armazenamento de até 10 produtos contendo, cada um deles, o código, a descrição e o preço, por exemplo, o primeiro item da tabela seria armazenado do seguinte modo:

{ Portugol }
```
prod[0].codigo = 10
prod[0].descricao = "Televisor"
prod[0].preco = 1900.00
```

Observe que agora sempre que precisamos acessar a estrutura de vetores precisamos referenciar o índice do produto. Assim, a entrada de dados, nesse tipo de exemplo, pode ser realizada por um laço.

{ Portugol }
```
funcao vazio entrada()
{
   para (inteiro i = 0; i < MAX; i = i + 1)
   {
     escreva ("Código: ")
     leia (prod[i].codigo)
     escreva ("Descrição: ")
```

Capítulo 1 - Lógica de Programação e Algoritmos 111

```
      escreva ("Descrição: ")
      leia (prod[i].descricao)
      escreva ("Preço: ")
      leia (prod[i].preco)
   }
}
```

A exibição dos dados dos produtos também pode ser realizada por meio de uma estrutura de repetição que irá percorrer cada elemento armazenado no vetor, conforme mostrado a seguir.

{Portugol}
```
funcao vazio saida()
{
   para (inteiro i = 0;  i < MAX; i = i + 1)
   {
      escreva ("Código: ", prod[i].codigo)
      escreva ("Descrição: ", prod[i].descricao)
      escreva ("Preço: ", prod[i].preco)
   }
}
```

IMPORTANTE: Em Scratch não existem esses conceitos, portanto, para a resolução desse tipo de problema, devemos adotar o conceito de listas. Ou seja, para implementarmos a resolução deste exemplo em Scratch se torna necessário a criação de três listas: uma para o código do produto, outra para a descrição e uma terceira para o preço.

Exercícios

Desenvolver as soluções para os problemas a seguir.

1) A partir da estrutura de vetores definida anteriormente, exibir apenas os elementos cadastrados no qual a descrição do produto inicia-se com a letra 'R';

2) A partir da estrutura de vetores definida anteriormente, procurar e exibir a descrição do produto mais caro que está armazenado nos vetores.

3) Considere a seguinte agenda de telefones, desenvolva uma estrutura que permita a sua representação, levando em conta o cadastro de, no máximo, 100 pessoas:

Nome	DDD	Telefone
João	11	3453-3455
Maria	19	3223-2545
Ana	11	45222300
José	15	45343422
Cristina	11	4523-2323

4) Utilizando a estrutura da agenda telefônica, elaborar uma rotina que a partir de um nome digitado pelo usuário mostre o DDD e o telefone da pessoa;

5) Utilizando a estrutura da agenda telefônica, escrever uma rotina que mostre quantidade de pessoas cadastradas na agenda que possuem o DDD igual a 11.

6) Definir uma estrutura que permita armazenar o nome e as notas de alunos de uma determinada turma com 10 alunos, na qual, cada aluno possui duas notas. Em seguida, o programa deverá calcular e exibir o nome, a média final de cada um dos alunos indicando, caso a média seja menor que 6,0 (seis) que o aluno está reprovado, caso contrário, deveremos mostrar como aprovado.

7) Criar um programa que a partir de uma relação de 100 veículos contendo modelo, ano de fabricação e cor, exiba quantos são da cor azul.

1.14. Linguagens de Programação

Conforme já mencionado anteriormente e ilustrado novamente na Figura 1.59, a solução computacional de um determinado problema passa por duas etapas distintas que são a **solução algorítmica**, que foi o assunto abordado nesta obra até este momento, e o **programa de computador**, assunto que passaremos a discutir a partir deste tópico, com foco na utilização das linguagens de programação **C, Java, C# e Phyton**.

114 Aprenda Lógica de Programação e Algoritmos

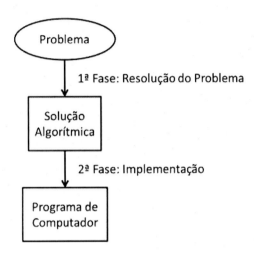

Figura 1.59: Resolução de problemas pelo computador

A elaboração de programas de computador nem sempre foi um tarefa simples. Nos primeiros computadores (décadas de 1940 e 1950) a tarefa de programação exigia profundos conhecimentos dos circuitos eletrônicos do equipamento utilizado, além disso, os programas escritos eram exclusivos para determinado equipamento. Nesse contexto, eram utilizadas as **linguagens de programação de baixo nível**, também conhecidas como linguagem de montagem ou Assembly.

Com o intuito de ilustrar a estrutura sintática e semântica das linguagens de programação vamos tomar, como exemplo, uma aplicação extremamente simples que consiste apenas em exibir o texto "Olá Pessoal!" e implementá-la utlilizando várias linguagens existentes. Inicialmente vamos adotar as ferramentas que já abordamos, dessa forma, utilizando um fluxograma poderíamos representar o programa proposto da maneira ilustrada na Figura 1.60.

Capítulo 1 - Lógica de Programação e Algoritmos 115

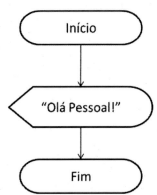

Figura 1.60: Representação meio de fluxograma

Em pseudolinguagem (Portugol) teríamos o seguinte código-fonte:

{ Portugol }
```
programa
{
  funcao inicio()
  {
    escreva ("Olá Pessoal!")
  }
}
```

Enquanto, por meio do Scratch utilizaríamos os seguintes blocos de montagem para implementar a solução para o problema (Figura 1.61).

Figura 1.61: Solução em Scratch

Agora vamos passar para o desenvolvimento desse pequeno programa em algumas linguagens de programação. A seguir, podemos visualizar como o programa seria implementado utilizando uma **linguagem de programação de baixo nível**, nesse caso, a linguagem Assembly para a arquitetura Intel/AMD x86 de 16 bits.

```
org 100h
    mov dx,msg
    mov ah,9
    int 21h
    mov ah,4Ch
    int 21h
    msg db 'Ola Pessoal!',0Dh,0Ah,'$'
```

Nas décadas seguintes, com a evolução e barateamento dos componentes eletrônicos dos computadores, começaram a surgir linguagens que passam a apresentar instruções independentes do hardware. Estas linguagens chamadas de **linguagens de programação de alto nível** apresentam, como instruções, palavras utilizadas em línguas faladas, normalmente o inglês. A criação de programas de computador torna-se mais acessível e não é mais necessário o conhecimento de eletrônica. As linguagens de programação como Pascal, Cobol, C e Java, dentre muitas outras podem ser citadas como exemplos de linguagens de programação de alto nível. A seguir temos o programa desenvolvido em Cobol. Observe uma peculiaridade dessa linguagem, onde os comandos devem ser especificados a partir da oitava coluna, ou seja, é necessário digitar sete espaços em branco antes de começarmos a escrever um comando.

COBOL

```
IDENTIFICATION DIVISION.
PROGRAM-ID. Ola.
PROCEDURE DIVISION.
DISPLAY "Olá Pessoal!".
STOP RUN.
```

No exemplo a seguir temos o mesmo programa que foi apresentado anteriormente, porém agora desenvolvido na **Linguagem de Programação C**.

```
#include <stdio.h>

int main ()
{
  printf ("Olá Pessoal!\n");
  return 0;
}
```

Neste momento também é importante observarmos que as instruções de um programa escrito, em uma linguagem de programação de alto nível, não são reconhecidas pelo hardware do computador. Desta forma, torna-se necessário passar por um processo de "tradução" dessas instruções para um conjunto de instruções, que são efetivamente reconhecidas pelo hardware. Este processo denomina-se **compilação**. Ou seja, considerando o exemplo acima em Linguagem C, o mesmo deverá ser compilado para dar origem a um programa de computador, o qual poderá ser executado pelo computador, conforme podemos observar na Figura 1.62.

Figura 1.62: Processo de compilação

Uma característica desse tipo de linguagem de programação é gerar um programa executável que é **dependente de plataforma**, ou seja, o programa apenas pode ser executado na arquitetura de hardware e no sistema operacional no qual foi compilado.

Considerando o exemplo anterior, poderíamos ter o mesmo programa desenvolvido utilizando a linguagem de programação **Java**:

Java

```
public class Exemplo
{
   public static void main (String args[])
   {
      System.out.println ("Olá Pessoal!");
   }
}
```

A linguagem de programação Java apresenta uma abordagem **independente de plataforma** (Figura 1.63), na qual após a compilação do código-fonte são gerados **bytecodes**, que consiste em um conjunto de instruções intermediárias entre a linguagem de programação e as instruções em código de máquina. Os bytecodes são similares a código de máquina, entretanto, não são específicos para um tipo particular de arquitetura de computador, de forma que programas em Java podem ser executados em arquiteturas distintas sem a necessidade de serem recompilados.

Capítulo 1 - Lógica de Programação e Algoritmos 119

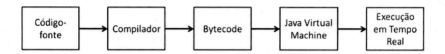

Figura 1.63: Desenvolvimento e execução de aplicações em Java

No momento da execução da aplicação os bytecodes são convertidos pela **Java Virtual Machine (JVM)** em código de máquina. Dessa forma, os bytecodes podem ser executados em qualquer plataforma ou Sistema Operacional que possua uma JVM suportada.

A tecnologia .Net da Microsoft, também abordada nesta obra por meio da linguagem de programação C#, também é independente de plataforma. Na Figura 1.64 podemos observar o desenvolvimento e execução de um programa em C# (.Net).

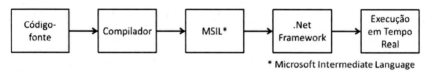

Figura 1.64: Desenvolvimento e execução de aplicações em C# (.Net)

O programa é compilado gerando um código intermediário em uma linguagem chamada MSIL (Microsoft Intermediate Language) a qual é executada pelo .Net Framework. Assim, qualquer plataforma que possua uma implementação do framework pode executar o programa criado. A seguir temos um exemplo de programa em **C#**.

C#

```
namespace Exemplo
{
  class Program
  {
    static void Main(string[] args)
    {
      Console.WriteLine("Olá Pessoal!");
      Console.ReadKey();
    }
  }
}
```

Outra categoria de linguagens de programação são as interpretadas. Nesse caso, o código-fonte é enviado diretamente a um programa chamado interpretador que, em tempo de execução, converte as instruções em linguagem de máquina e envia ao sistema operacional. A linguagem de programação **Python**, também abordada nesta obra, é um exemplo de linguagem interpretada. A seguir podemos ver um programa bem simples que exibe um texto.

```
print ("Olá Pessoal!")
```

Note a simplicidade da estrutura sintática do Python quando comparamos esse exemplo já desenvolvido nas outras linguagens de programação.

1.15. Paradigmas de Linguagens de Programação

Um paradigma de linguagem de programação determina a forma como um programa é criado, estruturado e executado. Atualmente, temos como principais paradigmas o estruturado e o orientado a objetos.

O paradigma estruturado impõe uma estrutura de processamento sequencial e rígida, organizada por módulos funcionais. Nesse paradigma qualquer programa pode ser reduzido a apenas três estruturas, que são: sequência, seleção e repetição. A linguagem de programação "C" é a principal representante deste paradigma.

O paradigma orientado a objetos é o mais adotado atualmente. Neste paradigma uma solução para um problema é construída pela abstração de uma coleção de objetos que se relacionam e interagem entre si. As principais linguagens de programação disponíveis no mercado implementam esse paradigma, por exemplo, Java e C#.

1.15.1. Paradigma Estruturado

Como já citado, nesse paradigma qualquer solução para um problema pode ser reduzida para um conjunto de estruturas de sequência, seleção e repetição. Outra característica deste paradigma é que apresenta modos de dividir um problema complexo em módulos menores que, quando executados em conjunto, permitem a solução do problema.

A premissa básica, neste caso, é que os recursos da modularização e a parametrização permitem otimizar o programa, facilitando a sua compreensão e evitando a repetição desnecessária de trechos do programa. Outra característica importante é que a técnica de modularização permite escrever programas mais legíveis o que facilita as tarefas de desenvolvimento e manutenção.

1.15.2. Paradigma Orientado a Objetos

O paradigma orientado a objetos trouxe uma nova forma de projetar e desenvolver programas de computadores. O projeto e a programação estruturada de sistemas focam a redução dos problemas computacionais em apenas três estruturas básicas, que são sequência, decisão e interação, e na qual, procedimentos, funções e estruturas de dados apresentam ligações e relacionamentos tênues. Por outro lado, a Orientação a Objeto estabelece um forte relacionamento entre os diversos componentes de um determinado problema computacional através da adoção de dois conceitos-chave: classe e objeto.

Na programação orientada a objetos implementa-se um conjunto de classes que permitem a definição dos objetos presentes no projeto do sistema.

Cada classe tem por objetivo determinar o comportamento, que são definidos pelos métodos, e estados possíveis, descritos pelos atributos que compõem e caracterizam os objetos, além de permitir a definição do relacionamento com outros objetos.

Conforme mencionado acima, a orientação a objeto pode ser entendida pela definição de dois dos elementos-chave:

- O primeiro é o conceito de classe, que pode ser entendido como a descrição de um ou mais objetos mediante um conjunto uniforme de atributos e métodos;

- O segundo conceito é o do próprio objeto, que pode ser definido como uma abstração de algo que existe dentro do domínio de um problema ou na sua implementação, e todo objeto é a instância de uma classe. Ilustrando esses conceitos, considere uma determinada classe chamada pessoa, os objetos dessa classe são os indivíduos que a compõem, por exemplo, José e Maria, entre outros.

Assim, em síntese, podemos definir:

Classe: determina o comportamento dos objetos, que são definidos pelos métodos, e estados possíveis, descritos pelos atributos que compõem e caracterizam esses objetos;

Objetos: pode ser entendido como uma abstração de algo que existe dentro do domínio de um problema ou na sua implementação, visto que todo objeto é a instância de uma classe.

Para um perfeito entendimento da orientação a objeto torna-se necessário definir os demais elementos que compõem a classe:

Atributo: define um conjunto padrão de características específicas para uma determinada classe. Os valores (estados) que esses atributos recebem, quando a classe é instanciada, permitem caracterizar um objeto. Considerando uma determinada classe pessoa, os atributos poderiam ser nome, endereço e telefone, entre outros.

Método: solicitação a um objeto invocando um de seus métodos, método este que ativa um determinado comportamento descrito pela classe que deu origem ao objeto em questão. Usando como exemplo a classe pessoa, poderíamos definir métodos para alterar o nome, o endereço ou o telefone de determinado indivíduo.

Método Construtor: é um método especial, que deve apresentar o mesmo nome da classe, sendo executado somente no momento em que o objeto é criado, ou seja, quando uma classe é instanciada.

Encapsulamento: consiste na separação de características internas e externas de um determinado objeto. Este recurso é comumente utilizado para evitar o acesso direto aos atributos desse objeto, permitindo assim que apenas os métodos consigam alterar esses atributos. O **encapsulamento** é implementado pela definição da "visibilidade" de atributos e métodos pelo uso das palavras-reservadas como, por exemplo, **publico**, **privado** ou **protegido**.

Getters e **Setters:** dentro do conceito de **encapsulamento** é comum definirmos os atributos como privados, dessa forma, para os atributos que precisam receber valores provenientes de fora da classe, é necessário implementar um método de atribuição, normalmente conhecido como **Setter**. Por outro lado, atributos que precisam ter o seu conteúdo consultado por outras classes deverão implementar um método **Getter**.

Adotando estes conceitos, e considerando que o conteúdo dos atributos nome, endereço e telefone precisam ser acessados por outras classes, a classe **Pessoa** poderia ser escrita da seguinte forma:

IMPORTANTE: Até a data de conclusão deste livro o programa Portugol Studio não implementava os conceitos de orientação a objetos. Assim, os exemplos neste tópico são conceituais e estão desenvolvidos para fins exclusivamente didáticos com o intuito de ilustrar os conceitos abordados. Não funcionarão se implementados no Portugol Studio.

{Portugol}
```
publico classe Pessoa
{ privado cadeia nome;
    privado cadeia endereco;
    privado cadeia telefone;
```

```
publico Pessoa()
{
}

publico Pessoa(cadeia nom, cadeia end, cadeia tel)
{ nome = nom;
  endereco = end;
  telefone = tel;
}

publico vazio setNome(cadeia nom)
{ nome = nom;
}

publico cadeia getNome()
{ retornar (nome);
}

publico vazio setEndereco(cadeia end)
{ endereco = end;
}

publico cadeia getEndereco()
{ retornar (endereco);
}

publico vazio setTelefone(cadeia tel)
{ telefone = tel;
}

publico cadeia getTelefone()
{ retornar (telefone);
}
}
```

Instâncias: Como abordado anteriormente, uma classe define o comportamento de um objeto por meio dos métodos e atributos. Porém, a mesma não realiza o armazenamento dos atributos e a execução dos métodos. Desta forma, torna-se necessário a criação de objetos a partir da classe definida, ou seja, os objetos podem ser entendidos como instâncias de uma determinada classe e as linguagens implementam uma palavra-reservada que possibilita essa operação. Para exemplificar, usaremos a palavra reservada **novo**.

{ Portugol }
```
Pessoa pessoa = novo Pessoa();
```

Ou

{ Portugol }
```
Pessoa pessoa = novo Pessoa("José",
    "Rua das Flores, 100", "11-4524-7445");
```

É importante observar nos exemplos acima que os métodos construtores definem o modo como o objeto será instanciado, ou seja, como o objeto será criado.

Capítulo 2
A Linguagem de Programação C

2.1. Visão Geral

A linguagem de programação C é uma das mais populares, estando presente em praticamente todas as arquiteturas de computadores, foi criada em 1972 por Dennis Ritchie nos laboratórios AT&T Bell Labs, visando o desenvolvimento do sistema operacional Unix.

É uma linguagem compilada, estruturada e apresenta tipos de dados estáticos, ou seja, qualquer variável precisa ser declarada antes da sua utilização. Suas principais características estão relacionadas ao desempenho das aplicações criadas nessa linguagem e também por permitir o acesso em baixo nível ao hardware do computador sendo ideal na programação de sistemas operacionais e também drivers para os dispositivos de hardware.

2.2. Ambientes de Desenvolvimento

Atualmente existe uma grande variedade de ambientes disponíveis para o desenvolvimento de programas na Linguagem C. Nesta obra vamos abordar o NetBeans e o Code::Blocks que são opções de ambiente de desenvolvimento gratuito e multiplataforma, podem executar em computadores com Windows ou Linux, entre outros sistemas operacionais. O NetBeans está disponível para download no endereço http://netbeans.org/, o Code::Blocks pode ser encontrado em http://www.codeblocks.org.

Os programas, que serão desenvolvidos neste capítulo, podem ser executados em qualquer um desses dois ambientes. Assim, é necessário escolher e instalar apenas um deles.

2.3. Desenvolvimento Utilizando o NetBeans

O NetBeans é um tipo de programa chamado de IDE, do inglês *Integrated Development Environment* ou Ambiente Integrado de Desenvolvimento. Pode ser entendido como um programa de computador que reúne características e ferramentas de apoio ao desenvolvimento de programas como editor de texto, compilador, *debugger* e ambiente de execução, entre outros.

Após iniciar o programa deve-se criar um projeto. Para isso, é necessário escolher a opção do menu File e depois, New Project. Em seguida, escolha a Categoria "C/C++" e depois em Projeto selecione "Aplicação C/C++" conforme ilustrado pela Figura 2.1.

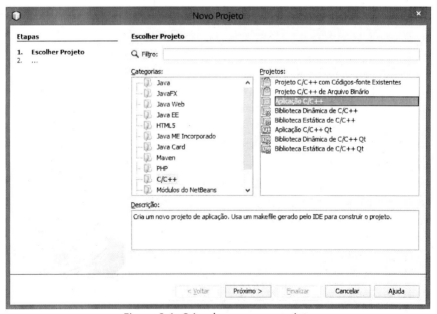

Figura 2.1: Criando um novo projeto

Capítulo 2 - A Linguagem de Programação C 129

Conforme Figura 2.2, nesta próxima janela, teremos a definição do nome do projeto, a localização dos arquivos e a definição do arquivo principal, ou seja, aquele que irá conter a função **main**, que sempre é a primeira função a ser executada quando o programa é iniciado.

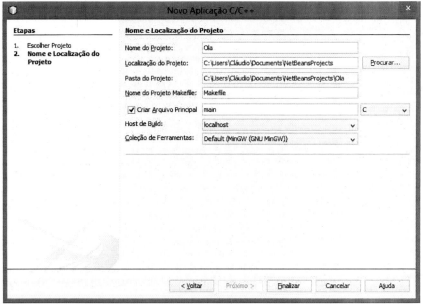

Figura 2.2: Definição das propriedades do projeto

Após preencher esses campos, deve-se pressionar o botão Finalizar. Agora será criado um modelo básico de aplicação, conforme Figura 2.3, no qual deverão ser digitadas as instruções do programa que será desenvolvido.

130 Aprenda Lógica de Programação e Algoritmos

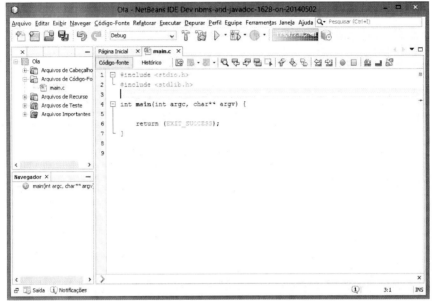

Figura 2.3: Editor de programas do NetBeans

O interesse neste momento ainda não é entender o programa em si, mas entendermos como funciona o processo de criação, compilação e execução de um programa a partir do ambiente de desenvolvimento. Dessa forma, digite dentro da função **main** a seguinte instrução sem se preocupar, por enquanto, com a sua função.

```
printf("Olá Pessoal!");
```

Neste momento, o programa completo deverá apresentar o seguinte conjunto de instruções.

Capítulo 2 - A Linguagem de Programação C

```c
#include <stdio.h>
#include <stdlib.h>

int main(int argc, char** argv) {
    printf("Olá Pessoal!");
    return (EXIT_SUCCESS);
}
```

Salve o programa e em seguida a compilação da aplicação deve ser realizada. Para isso, utilize a opção do menu Depurar e depois Depurar Projeto Principal (F11) ou use simplesmente a tecla de atalho que é F11.

Para executar a aplicação, a opção do menu Executar e Executar Projeto Principal (F6) deverá ser usada. O resultado da aplicação, quando em modo console, será exibida na janela posicionada na parte inferior do NetBeans, conforme ilustrado na Figura 2.4.

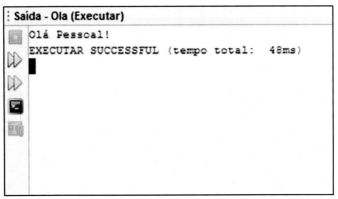

Figura 2.4: Execução do programa

132 Aprenda Lógica de Programação e Algoritmos

2.4. Desenvolvimento Utilizando o Code::Blocks

O Code::Blocks, assim como o NetBeans, é um IDE, do inglês *Integrated Development Environment* ou Ambiente Integrado de Desenvolvimento.

Após iniciar o Code::Blocks devemos criar um projeto. Para isso, no menu escolha File, New e Project. Em seguida, será mostrada uma janela similar à apresentada na Figura 2.5, escolha agora Console application e pressione o botão Go.

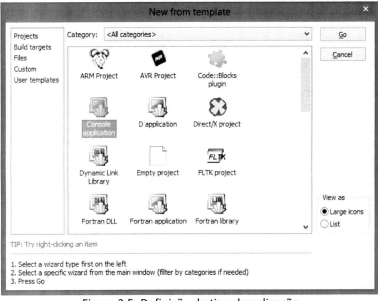

Figura 2.5: Definição do tipo da aplicação

Capítulo 2 - A Linguagem de Programação C 133

Agora você deverá escolher a linguagem a ser utilizada, ou seja, para desenvolver os exemplos deste livro selecione C, conforme ilustra a Figura 2.6 e pressione o botão Next.

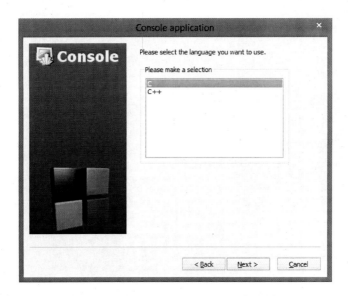

Figura 2.6: Seleção da linguagem a ser usada

Na janela mostrada na Figura 2.7 devemos escolher o nome para o projeto, que neste exemplo será Ola e a pasta na qual será salvo. Após fornecer estas informações pressione o botão Next.

134 Aprenda Lógica de Programação e Algoritmos

Figura 2.7: Propriedades do projeto

Neste momento, conforme podemos visualizar na Figura 2.8 a seguir, você deverá escolher o compilador que será usado. Normalmente não precisamos alterar nada, portanto aceite o padrão que foi exibido e simplesmente pressione o botão Finish.

Capítulo 2 - A Linguagem de Programação C   135

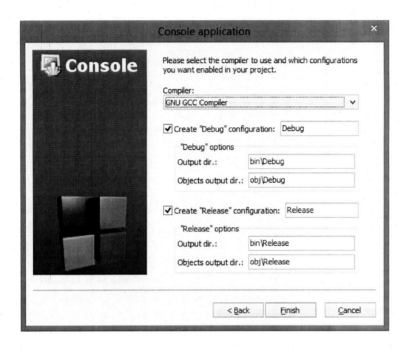

Figura 2.8: Escolha do compilador

A janela principal do Code:Blocks (Figura 2.9) será mostrada já com um pequeno exemplo de programa.

136 Aprenda Lógica de Programação e Algoritmos

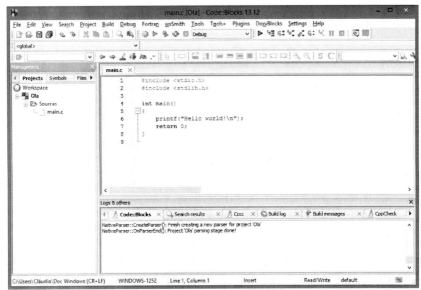

Figura 2.9: Janela principal do Code::Blocks

Altere a linha do programa que contém a função **printf** trocando a mensagem para "Ola Pessoal!", ou seja, o programa deverá apresentar o seguinte aspecto:

```
#include <stdio.h>
#include <stdlib.h>

int main()
{
  printf("Ola Pessoal!\n");
  return 0;
}
```

Capítulo 2 - A Linguagem de Programação C   137

Agora grave todo o projeto utilizando, para isso, a opção do menu File, Save all files ou o atalho do teclado Ctrl-Shift-S. O próximo passo consiste em compilar o programa, escolha no menu Build e depois Build novamente ou utilize o atalho Ctrl-F9. Em seguida, observe na parte inferior da tela o resultado da compilação para certificar-se que não ocorreram erros (Figura 2.10).

Figura 2.10: Resultado da compilação

Finalizando este exemplo vamos executar o programa que foi criado. No meu Build, escolha Run (Ctrl-F10), em seguida o Code::Blocks irá abrir uma janela do console com a execução do programa, conforme Figura 2.11.

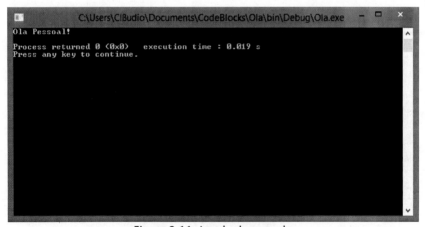

Figura 2.11: Janela do console

2.5. Representação dos Dados

Uma variável, atributo ou até mesmo o valor de retorno de um método, deve ser previamente declarado devendo apresentar um tipo de dado. A seguir, são apresentados os principais tipos de dados existentes na Linguagem C:

Tipo de dado	Conteúdo	Tamanho (em bytes)	Faixa de valores
char	Caractere	1	-128 a 127
int	Inteiro	4	-2.147.483.648 a 2.147.483.647
float	Número real	4	3.4×10^{-38} a 3.4×10^{38}
double	Número real duplo	8	1.7×10^{-308} a 1.7×10^{308}

Dessa forma, a declaração de uma variável deve apresentar o seu tipo de dado, o nome que a variável terá e, opcionalmente, o seu valor inicial. Por exemplo, para declararmos uma variável inteira que possua o nome **quantidade** adotamos a seguinte sintaxe:

```
int quantidade;
```

Caso seja necessário atribuir um valor inicial, podemos realizar a declaração da seguinte maneira:

```c
int quantidade = 10;
```

2.6. Estrutura de um Programa em C

O primeiro programa que desenvolveremos será uma aplicação do tipo console também conhecido como terminal em modo texto. Consiste em um tipo de aplicação bastante simples, ideal para se ter um primeiro contato com a linguagem.

No exemplo é importante observar, inicialmente, a definição da função principal **main**. O método **printf**, disponível na biblioteca padrão **stdio.h**, deverá ser utilizado para realizar a exibição de um texto na saída padrão do console. O parâmetro **\n**, utilizado no **printf** realiza uma quebra de linha, ou seja, o próximo texto a ser exibido no console estará em uma nova linha.

```c
#include <stdio.h>
#include <stdlib.h>

int main(int argc, char** argv)
{
    // Exibir uma mensagem na tela
    printf("Olá Pessoal!\n");
    return (EXIT_SUCCESS);
}
```

Independente do número de funções que um programa em Linguagem C possa conter, o programa terá início sempre a partir da função **main**. Após a compilação, ao executarmos a aplicação, a mensagem "Olá pessoal!" será exibida na tela. Na Figura 2.12 temos o resultado da execução do programa que foi criado.

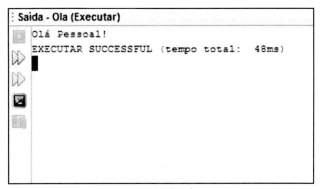

Figura 2.12: Execução do programa

Também é importante salientar que a função main pode ser utilizada de várias maneiras diferentes e para os exemplos deste livro, não fará diferença a forma de sua utilização, ou seja, o mesmo programa mostrado anteriormente poderia ser escrito omitindo os parâmetros da função **main**, quer dizer, retiramos as instruções **int argc** e **char** argv**., conforme podemos observar no código-fonte a seguir.

```c
#include <stdio.h>
#include <stdlib.h>

int main()
{
  // Exibir uma mensagem na tela
  printf("Olá Pessoal!\n");
  return 0;
}
```

Observe, nesse mesmo exemplo, que duas barras // indicam a presença de um comentário, isto é, o conteúdo da linha que está após as barras será ignorado pelo compilador, tornando-o muito útil quando desejamos documentar o que o programa está fazendo em determinada instrução ou conjunto de instruções.

2.7. Operadores

Na tabela a seguir temos a simbologia para os principais operadores de atribuição, aritméticos, relacionais e lógicos adotados pela Linguagem C.

Operador	Representação Simbólica	Operador	Representação Simbólica
Atribuição	=	Maior	>
Adição	+	Maior ou igual	>=
Subtração	-	Menor	<
Multiplicação	*	Menor ou igual	<=
Divisão	/	Igual a	==
Resto	%	Diferente de	!=
Condicional	?:	E (And)	&&
Incremento	++	Ou (Or)	||
Decremento	--	Não (Not)	!

2.8. Entrada e Saída de Dados

A entrada dos dados pode ser realizada pela função **scanf**. A qual recebe dois parâmetros: a máscara para o tipo de dado que será lido e também a variável que receberá o valor que foi digitado pelo usuário. Na tabela a seguir podemos visualizar as máscaras que devem ser utilizadas para os principais tipos de dados da linguagem.

Máscara	Tipo de dado	Descrição
%d	int	Número inteiro
%c	char	Caractere
%f	float ou double	Número real
%ld	long int	Inteiro longo
%x	int	Número inteiro em formato hexadecimal
%s	char	Cadeia de caracteres (string)

Dessa forma, se considerarmos uma determinada variável declarada com o nome **quantidade**, para que a mesma receba a atribuição de um valor digitado pelo usuário, devemos utilizar a função **scanf** da seguinte maneira:

```
scanf("%d", &quantidade);
```

Note que utilizamos **%d** que indica que um número inteiro será digitado. Observe também que na função **scanf** devemos colocar um & antes do nome da variável, exceto quando a variável representar uma cadeia de caracteres (string). No exemplo a seguir temos um exemplo de entrada de dados para obtermos o nome e o ano de nascimento de uma pessoa.

```
#include <stdio.h>
#include <stdlib.h>

int main()
{
  char nome[40];
  int ano_nasc, idade;
  printf("Digite o seu nome: ");
  scanf("%s", nome);
  printf("Digite o ano de nascimento: ");
```

```
    scanf("%d", &ano_nasc);
    idade = 2015 - ano_nasc;
    printf("Olá %s a sua idade é %d anos.", nome, idade);
    return 0;
}
```

Como é possível observarmos, neste mesmo exemplo, a exibição dos dados na tela do computador pode ser realizada por intermédio da função **printf**. Quando usamos **printf** devemos especificar a cadeia de caracteres a ser exibida, contendo as máscaras das variáveis que serão impressas. Em seguida, cada variável deverá ser relacionada sempre separada por vírgula, ou seja:

```
printf("Olá %s a sua idade é %d anos.", nome, idade);
```

Exercícios

Desenvolva, utilizando a linguagem de programação C, a solução dos problemas a seguir:

1) Criar uma aplicação que receba por digitação o nome e o sobrenome e, em seguida, realize a exibição da seguinte maneira: sobrenome, nome.

2) Elaborar um programa que realize a multiplicação de dois valores numéricos do tipo de dado real digitados pelo usuário e, depois, exiba o valor calculado.

3) Escrever uma aplicação que receba quatro números inteiros digitados pelo usuário e, em seguida, calcule e exiba o valor da soma desses números.

4) Criar uma aplicação que receba três números reais digitados pelo usuário e, em seguida, calcule e exiba o valor da média.

5) Uma determinada loja precisa calcular o preço de venda de um produto. O cálculo deverá ser efetuado pela multiplicação do preço unitário pela quantidade vendida e, posteriormente, subtrair o valor do desconto. Considerar todas as variáveis do tipo de dado real e que estas serão digitadas pelo usuário.

6) Calcular a média final de um aluno considerando que irá realizar duas provas (P1 e P2), visto que a P1 deverá ter peso 4 e a P2, peso 6. Adotar que as notas são do tipo de dado real e que elas serão fornecidas pelo usuário.

7) A Lei de Ohm define que a resistência (R) de um condutor é obtida pela divisão da tensão aplicada (V) dividida pela intensidade da corrente elétrica (A). Assim, a partir de uma tensão e corrente, digitadas pelo usuário, calcule e mostre o valor da resistência.

8) Adotando como referência o exercício 7, calcule e exiba a intensidade da corrente elétrica (A) a partir da tensão (V) e resistência (R) que o usuário irá fornecer ao programa.

9) A potência (P) consumida por determinado aparelho eletroeletrônico é definida pela tensão (V) multiplicada pela corrente (A). Elaborar um programa que, a partir da tensão e corrente fornecidas pelo usuário, calcule e mostre na tela a potência.

10) Considerando o exercício 9 calcule e exiba a corrente (A) que circula por determinado aparelho eletroeletrônico a partir da potência (P) e tensão (V) digitadas pelo usuário.

2.9. Estruturas de Seleção

As estruturas de seleção permitem determinar a execução ou não de determinado bloco de código. A estrutura **if else** realiza a avaliação da expressão lógica fornecida em <u>condicao</u>, caso esta seja verdadeira o bloco de código associado a instrução **if** é executado, caso contrário, o bloco associado à instrução **else**, que é opcional, será executado. Também é possível realizar o encadeamento de instruções dando origem a uma estrutura do tipo **if else if else**, conforme pode ser observado no quadro a seguir.

```
if (condicao)
{
   comando;
   ...
}
else if (condicao1)
{
   comando;
   ...
}
else
{
   comando;
   ...
}
```

A estrutura **if else** é utilizada para realizar a execução condicional de um determinado bloco de código, no exemplo a seguir será utilizada para determinar se um número inteiro é maior que zero. Observe que, nesse caso, a instrução **else** não foi utilizada, pois é opcional.

```c
#include <stdio.h>
#include <stdlib.h>

int main()
{
   int numero;
   printf("Digite um número: ");
   scanf("%d", &numero);
   if (numero > 0)
   {
      printf("O número é maior que zero");
   }
   return 0;
}
```

Também salientamos que abrir e fechar chaves dentro de qualquer estrutura da linguagem "C" é opcional quando existe apenas uma instrução dentro da estrutura (bloco de comandos). Dessa forma, o exemplo mostrado acima poderia ser escrito da maneira mostrada no código-fonte a seguir, pois o **if** contém apenas uma instrução, ou seja, **printf ("O número é maior que zero")**.

```c
#include <stdio.h>
#include <stdlib.h>

int main()
{
```

```c
int numero;
printf("Digite um número: ");
scanf("%d", &numero);
if (numero > 0)
   printf("O número é maior que zero");
return 0;
}
```

A partir do exemplo do cálculo de idade, desenvolvido anteriormente, vamos adicionar a informação se a pessoa é maior ou menor de idade, dessa maneira utilizaremos a estrutura de seleção **se**, conforme ilustrado no programa a seguir.

```c
#include <stdio.h>
#include <stdlib.h>

int main()
{
   char nome[40];
   int ano_nasc, idade;
   printf("Digite o seu nome: ");
   scanf("%s", nome);
   printf("Digite o ano de nascimento: ");
   scanf("%d", &ano_nasc);
   idade = 2015 - ano_nasc;
   printf("Olá %s a sua idade é %d anos ", nome, idade);
   if (idade < 18)
      printf(" e você é menor de idade.");
   else
      printf(" e você é maior de idade.");
   return 0;
}
```

A estrutura de controle **switch** pode ser usada como alternativa ao **if else** em situações onde em todas as expressões lógicas realizam sempre o teste de uma mesma variável. A estrutura funciona por intermédio da verificação de uma <u>variavel</u>, caso ela seja igual a <u>valor1</u> então o respectivo bloco de comando é executado até que se encontre a instrução **break**, caso contrário, verifica-se <u>variavel</u> em relação a <u>valor2</u> e assim sucessivamente. Se todas as condições forem falsas, o bloco que contém a instrução **default** será executado.

```
switch (variavel)
{
  case valor1:
    comando;
    ...
    break;
  case valor2:
    comando;
    ...
    break;
  default:
    comando;
    ...
    break;
}
```

Para ilustrar esse conceito, imagine uma situação hipotética em que você precisa escrever uma aplicação que escreva o valor por extenso dos números inteiros 1, 2 e 3. Inicialmente, para fins de comparação, vamos realizar a implementação pelo uso de estruturas **if else** encadeadas.

```c
#include <stdio.h>
#include <stdlib.h>

int main()
{
    int numero;
    printf("Digite um número: ");
    scanf("%d", &numero);
    if (numero == 1)
        printf("Um");
    else if (numero == 2)
        printf("Dois");
    else if (numero == 3)
        printf("Três");
    else
        printf("Não sei!");
    return 0;
}
```

Observe que, neste caso, adotando-se como referência o valor 2 atribuído a variável **numero**, a primeira verificação (**numero == 1**) será falsa, provocando a execução da cláusula **else** que inicia-se com a instrução **if** testando se **numero == 2**. Agora o resultado da avaliação da expressão será verdadeiro e o comando **printf ("Dois")** será executado. Sendo essa condição verdadeira os demais testes não são realizados, pois estão associados ao **else**.

A seguir iremos implementar esse mesmo exemplo utilizando a estrutura **switch**. A estrutura recebe como parâmetro a variável **numero**, ou seja, a variável que se deseja testar. Em seguida, cada cláusula **case** indica o valor necessário para que o respectivo bloco de comandos seja executado.

Um bloco de comando deve, obrigatoriamente, ser finalizado com a instrução **break**, a qual provoca o término da estrutura **switch**. Neste exemplo, a instrução **case 1** será falsa e o bloco não é executado. Em seguida, **case 2** resulta em verdadeiro, a mensagem será exibida e ao encontrar o comando **break,** a estrutura é finalizada, isto é, **case 3** não será verificado e o bloco **default** não será executado.

```c
#include <stdio.h>
#include <stdlib.h>

int main()
{
  int numero;
  printf("Digite um número: ");
  scanf("%d", &numero);
  switch (numero)
  {
    case 1:
      printf("Um");
      break;
    case 2:
      printf("Dois");
      break;
    case 3:
      printf("Três");
      break;
    default:
      printf("Não sei!");
  }
  return 0;
}
```

Exercícios

Desenvolver as soluções para os problemas a seguir utilizando a Linguagem C.

1) Criar um programa que receba quatro números inteiros e exiba o menor deles.

2) Especificar uma aplicação que faça a leitura do nome e ano de nascimento de uma pessoa, calcule a idade e a exiba indicando, também, se a pessoa é maior ou menor de idade.

3) Escreva um programa que, a partir de um número inteiro digitado pelo usuário, mostre se o número é par ou ímpar.

4) Elaborar uma rotina que, a partir de um número real, digitado pelo usuário, mostre o seu valor absoluto.

5) Considerando que a aprovação de um aluno em determinada disciplina requer uma média final maior ou igual a 6,0 (seis), elabore um programa que receba duas notas, realize o cálculo da média, exiba o valor calculado e se o aluno está aprovado ou reprovado.

6) Criar um programa que permita ao usuário digitar dois números reais e uma das quatro operações matemáticas básicas e, em seguida, exiba o resultado do cálculo efetuado. A aplicação também não poderá permitir a tentativa de divisão de um número por zero.

7) A partir de cinco números reais, digitados pelo usuário, exibir o valor da média, considerando apenas os números que são maiores que zero e menores que mil.

8) Para converter a temperatura de graus Celsius para Fahrenheit, utiliza-se a fórmula: $F = C \times 1,8 + 32$. Elaborar uma rotina que realize essa conversão a partir de uma temperatura digitada pelo usuário.

9) Por meio do cálculo do Índice de Massa Corporal (IMC) é possível saber se uma pessoa está acima ou abaixo dos parâmetros ideais de peso em relação a sua altura. Para calcular o IMC é necessário dividir o peso (Kg) de uma pessoa pela sua altura (m) elevada ao quadrado. Elaborar um programa que exiba o valor do IMC de uma pessoa e mostre a situação em relação à tabela a seguir:

Valor do IMC	Situação
Abaixo de 18,5	Você está abaixo do peso ideal
Entre 18,5 e 24,9	Parabéns, você está em seu peso normal!
Entre 25,0 e 29,9	Você está acima de seu peso (sobrepeso)
Entre 30,0 e 34,9	Obesidade grau I
Entre 35,0 e 39,9	Obesidade grau II
40,0 e acima	Obesidade grau III

10) Elaborar um programa que realize a resolução de uma equação do 2º grau utilizando, para isso, a Fórmula de Báskara.

$$\Delta = b^2 - 4.a.c$$

$$x = \frac{-b \pm \sqrt{\Delta}}{2.a}$$

11) A partir dos lados de um retângulo ou quadrado, digitados pelo usuário, elaborar uma rotina que calcule e exiba o valor da sua área e informe se as medidas digitadas pertencem a um retângulo ou a um quadrado. Lembrando que a área é obtida pela multiplicação da base (L) pela altura (A).

12) Considerando a moeda Real, Dólar Americano e Euro, elaborar uma rotina na qual o usuário irá digitar o valor, a respetiva moeda e a moeda para a qual deseja converter o valor. Em seguida, o programa deverá calcular e exibir o valor convertido, por exemplo:

Entrada:
Digite a moeda: **US$**
Digite o valor: **100,00**
Digite a moeda para qual deseja realizar a conversão: **R$**

Saída:
Resultado: R$ 245,00

Importante: Obter a cotação das moedas no dia da resolução do exercício.

13) Elaborar um programa que realize a conversão entre metros, pés, polegadas e milhas adotando, como referência, que 1 polegada = 25.4 Milímetros, 1 pé = 30.48 Centímetros e 1 Milha = 1609.344 metros.

14) A partir de um valor digitado pelo usuário e o respectivo prefixo, mostrar a representação do valor nos demais prefixos, por exemplo:

Entrada:
Digite o valor: **10.000**
Digite o prefixo: **M**

Saída:
10.000.000 k
10 G
0,01 T

Adotar, como referência a tabela mostrada a seguir:

Prefixo	Valor (Decimal)
k (kilo)	10^3 (1000)
M (mega)	10^6 (1,000,000)
G (Giga)	10^9 (1,000,000,000)
T (Tera)	10^{12} (1,000,000,000,000)

15) Utilizando a mesma tabela do exercício anterior, elaborar uma rotina na qual o usuário irá digitar o valor, o respetivo prefixo e o prefixo para a qual deseja representar o valor. Em seguida, o programa deverá exibir a representação do valor, por exemplo:

```
Entrada:
Digite o valor: 1.000.000
Digite o prefixo: M
Digite o prefixo que deseja visualizar: T


Saída:
Resultado: 1 T
```

16) A partir de cinco números inteiros, digitados pelo usuário, determinar e exibir a quantidade de números que são pares.

17) Considerando três números inteiros, fornecidos pelo usuário, exibi-los em ordem crescente.

18) Elaborar uma rotina que, a partir de quatro números inteiros que deverão ser digitados pelo usuário, determine e mostre o maior número par.

19) A partir de quatro números inteiros, inseridos pelo usuário, exibir a quantidade de números que são múltiplos de 5, maiores ou iguais a 100 e menores do que 200.

20) Considerando três nomes, digitados pelo usuário, exibi-los em ordem alfabética.

21) Elaborar uma rotina que determine e mostre a diferença entre o maior e o menor valor dentre quatro números reais fornecidos pelo usuário.

22) Desenvolver uma rotina que a partir de 5 letras digitadas pelo usuário, determine e mostre a quantidade de vogais.

23) A área de um triângulo (A) é definida pela metade do produto da altura (H) pela respectiva base (B). Escrever um programa que, a partir dos valores da altura e base, que deverão ser valores reais e maiores que zero digitados pelo usuário, realize o cálculo e exiba o valor da área.

24) O IPVA de um veículo é calculado tomando como base o valor do veículo, o combustível utilizado e o tipo do veículo que serão fornecidos pelo usuário. Em seguida, o IPVA será calculado como 4% do valor do veículo, no caso de automóveis movidos a gasolina ou flex. Já para carros movidos somente a etanol, eletricidade ou gás ou qualquer desses três combustíveis combinados, a alíquota é de 3%. Para motos, camionetes cabine simples e ônibus ou micro-ônibus a alíquota é de 2% e para caminhões, de 1,5%. Elaborar uma rotina que, a partir destas informações, calcule o mostre o valor do IPVA.

25) Elaborar um programa que calcule e exiba o comprimento de uma circunferência, a partir de um raio (R) digitado pelo usuário e que deverá ser um número real positivo. O comprimento é obtido pela fórmula: 2 x π x R.

26) Desenvolver um programa para uma loja que precisa determinar o preço final de uma compra, a partir dos seguintes dados fornecidos pelo usuário: código, descrição, peso, quantidade e preço. Em seguida, para determinar o preço final, devem ser utilizados os seguintes critérios para cálculo:

a) O preço total (bruto) é obtido multiplicando o preço unitário com a quantidade;

b) O valor do imposto será obtido por meio das seguintes faixas:

Preço total (bruto)	Valor do Imposto
< R$ 500,00	5,0% do preço total (bruto)
>= R$ 500,00 e < R$ 1.500,00	7,5% do preço total (bruto)
>= R$ 1.500,00	10,0% do preço total (bruto)

c) Quando o peso total do produto (peso x quantidade) for maior que 10kg acrescentar R$ 50,00 de custo de frete, caso contrário, o frete será gratuito;

d) O preço final será obtido somando o preço total (bruto) com o valor do imposto e o custo do frete.

27) A partir do salário e categoria, digitados pelo usuário, calcular o reajuste de salário de determinado funcionário baseando-se na tabela mostrada a seguir, sendo que o programa deverá aceitar tanto letras maiúsculas como minúsculas para determinar a categoria do funcionário.

Reajuste	Categoria
10%	A, C
15%	B, D, E
25%	F, L
35%	G, H
50%	I, J

2.10. Instruções para Repetição

A estrutura **while** possibilita realizar a repetição de um bloco de comandos até que a expressão lógica fornecida em <u>condicao</u> seja avaliada como falsa, neste momento o **while** é encerrado e a execução do programa prossegue na linha de código imediatamente posterior ao comando.

```
while (condicao)
{
   comando;
   ...
}
```

Como exemplo de utilização da estrutura **while** iremos mostrar um programa que realiza a exibição dos números inteiros entre 1 e 10:

```c
#include <stdio.h>
#include <stdlib.h>

int main()
{
   int i = 1;
   while (i <= 10)
   {
      printf("%d, ", i++);
   }
   return 0;
}
```

Observe que o bloco de comandos irá se repetir enquanto a variável **i** for menor ou igual a 10. Quando **i** atingir o valor 11 a condição torna-se falsa, ou seja, a repetição é encerrada.

A estrutura de controle **do while** tem funcionamento similar ao **while**, porém apresenta uma diferença fundamental: enquanto no **while** primeiro realiza-se a verificação da expressão lógica e depois a execução do bloco de comandos; na estrutura **do while** ocorre o contrário, inicialmente é realizada a execução do bloco de comando e depois é realizada a verificação da expressão lógica.

Dessa forma, o bloco de comando sempre é executado pelo menos uma vez, independente de <u>condicao</u> ser verdadeira ou falsa.

```
do
{
   comando;
   ...
} while (condicao);
```

Observe que, neste caso, primeiro será exibido o valor da variável **i**, depois ocorre o incremento. Em seguida, a condição é verificada e, quando considerada falsa, a estrutura **do while** é encerrada.

```c
#include <stdio.h>
#include <stdlib.h>

int main()
{
   int i = 1;
   do
   {
      printf("%d, ", i++);
   } while (i <= 10);
   return 0;
}
```

A estrutura de repetição **for** apresenta como características particulares a possibilidade de realizar tarefas de inicialização e pós-execução no próprio corpo da instrução, permitindo um código mais conciso e com maior facilidade de entendimento.

```
for (instrucao1; condicao; instrucao2)
{
    comando;
    ...
}
```

O comando tem início com execução de instrucao1, em seguida realiza-se a avaliação da expressão lógica condicao, caso a mesma seja verdadeira o bloco de comandos é executado, caso contrário a estrutura será encerrada e a execução do programa irá prosseguir na instrução imediatamente posterior a estrutura **for**.

Após a execução do bloco de comandos executa-se instrucao2 e, em seguida, a expressão lógica é novamente verificada.

```c
#include <stdio.h>
#include <stdlib.h>

int main()
{
    int i;
    for (i = 1; i <= 10; i++)
    {
        printf("%d, ", i);
    }
    return 0;
}
```

No exemplo apresentado anteriormente, é possível verificar que o mesmo irá realizar a exibição dos números inteiros entre 1 e 10. Note que, quando comparado com o mesmo exemplo que utilizou a estrutura de controle **while**, a implementação com **for** deixa o programa bem mais conciso.

Exercícios

Desenvolver as soluções para os problemas a seguir utilizando a Linguagem de Programação C.

1) Escreva um programa que realize a exibição dos números inteiros pares entre 0 e 100.

2) Escreva um programa que realize a exibição, em ordem decrescente, dos números inteiros entre 0 e 200 e que também sejam múltiplos de 5.

3) Elaborar um programa que exiba os números inteiros contidos em um intervalo digitado pelo usuário.

4) Considerando uma moeda lançada 10 vezes, criar uma aplicação que determine o número de ocorrências de cada um dos lados.

5) Escrever um programa que mostre os números ímpares entre 101 e 121.

6) Elaborar uma rotina que mostre a tabuada de um determinado número inteiro entre 1 e 10 fornecido pelo usuário.

7) A partir de dois números inteiros, digitados pelo usuário, escrever uma rotina que mostre a média dos valores inteiros contidos no intervalo entre esses dois números.

8) Considerando 10 números reais digitados pelo usuário, exibir o menor deles.

9) Considerando 15 números inteiros digitados pelo usuário, exibir o maior deles.

10) Considerando 10 números reais digitados pelo usuário, exibir o valor da diferença entre o maior e o menor deles.

11) Determinada loja precisa digitar o nome e o preço dos seus produtos, após cada produto digitado deverá ser realizada uma pergunta se deseja digitar outro produto. Caso o usuário responda "sim", um novo produto será digitado, caso contrário, o programa deverá, antes de encerrar, exibir o nome do produto mais caro.

12) Obter pela digitação 10 números divisíveis por 3, calcular a soma entre eles e mostrar o resultado.

13) Considerando seis números inteiros representando dois intervalos de tempo (horas, minutos e segundos), elaborar uma rotina que calcule a diferença de tempo entre os intervalos.

14) A partir de uma temperatura e opção de conversão, fornecidas pelo usuário, realize conversão entre temperaturas conforme ilustrado pela tabela a seguir. Após cada conversão, o programa deverá perguntar se o usuário deseja realizar uma nova conversão. Quando o usuário digitar "sim" uma nova temperatura e opção de conversão deverão ser solicitadas, caso contrário, o programa deverá ser encerrado.

De	Para	Fórmula
Celsius	Fahrenheit	°F = °C × 1,8 + 32
Fahrenheit	Celsius	°C = (°F − 32) / 1,8
Celsius	Kelvin	K = °C + 273,15
Kelvin	Celsius	°C = K − 273,15
Fahrenheit	Kelvin	K = (°F + 459,67) / 1,8
Kelvin	Fahrenheit	°F = K × 1,8 - 459,67

15) Considerando um número inteiro digitado pelo usuário, calcular e exibir o valor da sua fatorial.

16) Escrever um programa que mostre a soma dos números ímpares entre 51 e 91.

17) Desenvolver um programa que mostre a média dos números pares maiores que zero e menores que vinte.

18) Considerando os números entre 40 e 80, elaborar uma rotina que mostre a quantidade de números neste intervalo que são múltiplos de 4.

19) Mostrar a quantidade de números múltiplos de 7 que estão em um intervalo fornecido pelo usuário.

20) Elaborar um programa que calcule e mostre os 6 primeiros números da Sequência de Fibonacci, ou seja, 1, 2, 3, 5, 8 e 13.

21) Criar uma rotina que mostre a somatória dos 10 primeiros valores da Sequência de Fibonacci.

Capítulo 2 - A Linguagem de Programação C

22) Desenvolver um programa que recebe um número inteiro, digitado pelo usuário, e calcule o produto dos números pares de 1 até o número fornecido pelo usuário.

23) Considerando um número inteiro ímpar, digitado pelo usuário, exiba na tela um diamante, por exemplo, se o usuário digitou nove, devemos obter a seguinte saída:

```
    *
   ***
  *****
 *******
*********
 *******
  *****
   ***
    *
```

24) Faça uma rotina que permita calcular o valor da associação em série de três resistores R1, R2 e R3, que serão digitados pelo usuário. O programa ficará solicitando os valores de R1, R2 e R3 e exibindo o resultado até que o usuário digite um valor para R1, R2 ou R3 igual a zero. O valor da associação em série de três resistores será obtido pela fórmula: R = R1 + R2 + R3.

25) Faça uma rotina que permita calcular o valor da associação em paralelo de dois resistores R1 e R2, que serão digitados pelo usuário e consistem em números reais positivos. O programa ficará solicitando os valores de R1 e R2 e exibindo o resultado até que o usuário digite um valor para R1 ou R2 igual a zero. O valor da associação em paralelo de dois resistores será obtido pela fórmula: R = R1 x R2 / (R1 + R2).

26) Elabore um programa que determine quantos números são múltiplos de 2 e de 3 no intervalo entre 1 e 100.

27) Desenvolva uma rotina que apresente os valores de conversão de graus Celsius em Fahrenheit, de 10 em 10 graus, iniciando a contagem em 0° Celsius e finalizando em 100° Celsius. A rotina deverá exibir tanto o valor em Celsius quanto em Fahrenheit e a seguinte fórmula deverá ser adotada: °F = °C × 1,8 + 32.

28) Desenvolver uma rotina que a partir de 10 letras digitadas pelo usuário, determine e mostre a quantidade de vogais e também a quantidade de consoantes.

29) Elaborar um programa que apresente a resolução do seguinte problema: "Determinada loja precisa digitar o nome e o preço de 10 produtos. Após a digitação dos 10 produtos o programa deverá, antes de encerrar, exibir o nome do produto mais caro".

30) Elaborar um programa que imprima a sequência a seguir. Ou seja, para um número inteiro "n", digitado pelo usuário, exibir até a n-ésima linha, por exemplo:

```
1
2 2
3 3 3
4 4 4 4
...
n n n n n ... n
```

31) Desenvolver um programa que sorteie um número aleatório entre 0 e 500 e pergunte ao usuário qual é o "número mágico". O programa deverá indicar se a tentativa efetuada pelo usuário é maior ou menor que o número mágico e contar o número de tentativas. O programa apenas deverá encerrar quando o usuário acertar o número. Neste momento, também deverá mostrar uma mensagem, classificando o usuário como:

- De 1 a 3 tentativas: muito sortudo;
- De 4 a 6 tentativas: sortudo;
- De 7 a 10 tentativas: normal;
- 10 tentativas: tente novamente.

32) Desenvolver uma rotina que a partir de um caractere e uma determinada quantidade de linhas e colunas, todos fornecidos pelo usuário, realize a repetição do respectivo caractere na quantidade de linhas e colunas que foram digitadas. Por exemplo:
Entrada:
Linhas? **3**
Colunas? **5**
Caractere? **X**

Saída:
XXXXX
XXXXX
XXXXX

33) Elaborar um programa que a partir de uma determinada quantidade de linhas e colunas digitadas pelo usuário exiba um retângulo, por exemplo:

Entrada:
Linhas? **4**
Colunas? **6**

Saída:
```
+----+
|    |
|    |
+----+
```

2.11. Vetores e Matrizes em C

Os vetores podem ser entendidos como uma lista de elementos de um mesmo tipo de dado e que exploram a contiguidade da memória. Assim, qualquer elemento da lista pode ser acessado instantaneamente por um índice. Quando os vetores possuem mais de uma dimensão os mesmos se tornam matrizes.

Conforme já explicado, os vetores e matrizes devem ser compostos apenas por elementos de um mesmo tipo de dado e são declarados da seguinte maneira:

```c
int v[5];
```

Neste exemplo, criamos um vetor de inteiros que poderá receber até cinco números inteiros. Em vetores e matrizes o primeiro elemento é acessado com o índice recebendo o valor 0 (zero). Para acessar um elemento dentro de um vetor devemos referenciar entre colchetes o índice da posição desejada, por exemplo, para atribuir um valor para a primeira posição do vetor devemos realizar o seguinte comando:

```c
v[0] = 45;
```

Quando disponíveis, os elementos de um vetor podem ser inseridos no momento da criação deste, conforme ilustrado no trecho de programa a seguir.

```c
int v[] = {64, 87, 32, 07, 86};
```

A seguir, é apresentado um exemplo típico de aplicação de vetores na resolução de um problema computacional, sendo importante observar que a instrução **for (i = 0; i < LANCAMENTOS; i++)** irá garantir que, a qualquer momento durante a execução do programa, existirá um valor válido para o índice (variável **i**). O programa simula 20 lançamentos de uma moeda e a partir dessa informação, devidamente armazenada em um vetor, determina o número de caras e coroas ocorridos.

```c
#include <stdio.h>
#include <stdlib.h>

#define LANCAMENTOS 20

int main()
{
  int i;
  char lancamento[] = {'C', 'C', 'O', 'C', 'O', 'O',
     'O', 'C', 'C', 'C', 'O', 'C', 'C', 'O', 'O', 'C',
     'O', 'C', 'C', 'O'};
  int numeroCara = 0;
  int numeroCoroa = 0;

  for (i = 0; i < LANCAMENTOS; i++)
  {
    if (lancamento[i] == 'C')
      numeroCara++;
    else
      numeroCoroa++;
  }
  printf ("Ocorreram %d caras e %d coroas.", numeroCara, numeroCoroa);
  return 0;
}
```

Observe também que neste exemplo utilizamos uma diretiva chamada **#define** para fixar a quantidade de lançamentos. Quando precisamos trabalhar com um valor fixo, que não será alterado durante a execução do programa, podemos utilizar ao invés de uma variável a diretiva **#define**.

Dentro da linguagem de programação C, uma matriz deve ser declarada indicando as dimensões desejadas, por exemplo, na linha de programa mostrada a seguir teríamos a criação de uma matriz bidimensional:

```
char velha[3][3];
```

A seguir temos um pequeno exemplo que simula a colocação das peças do jogo da velha em um tabuleiro:

```
#include <stdio.h>
#include <stdlib.h>
#include <time.h>

int main()
{
  int i, j;
  char velha[3][3];
  srand((unsigned)time(NULL));
  for (i = 0; i < 3; i++)
  {
    for (j = 0; j < 3; j++)
    {
      int n = (rand() % 3);
      if (n == 0)
        velha[i][j] = ' ';
      else if (n == 1)
        velha[i][j] = 'O';
```

```
    else
        velha[i][j] = 'X';
    }
    printf("%c   %c   %c\n", velha[i][0], velha[i][1], velha[i][2]);
    }
    return 0;
}
```

Quando mostramos os tipos de dados básicos você de ter observado que existe o tipo char que pode conter um caractere. Dessa forma poderíamos definir um vetor de char para poder armazenar cadeias de caracteres (strings) da seguinte forma:

```c
char nome[] = { 'M', 'a', 'r', 'i', 'a' };
```

Porém, para facilitar a vida dos desenvolvedores, podemos também declarar a cadeia de caracteres desta outra forma:

```c
char nome[] = "Maria";
```

Outra facilidade é a biblioteca **string.h** que apresenta diversas funções para manipulação de cadeias de caracteres, sendo as mais utilizadas:

- **strcpy(str1, str2)** – atribui o conteúdo de str2 à cadeia de caracteres str1;

- **strcat(str1, str2)** – concatena (insere) str2 ao final de str1;

- **strcmp**(str1, str2) – Compara duas cadeias de caracteres retornando zero quando as cadeias de caracteres comparadas são iguais. Quando as cadeias de caracteres comparadas são diferentes e a primeira é maior, a função retorna um valor positivo, caso contrário, a função retornará um valor negativo;
- **strlen**(str1) - retorna o tamanho da cadeia de caracteres str1.

No exemplo a seguir temos a utilização das funções **strcpy**, **strcat** e **strlen** que permitem realizar a manipulação de cadeias de caracteres.

```c
#include <stdio.h>
#include <stdlib.h>
#include <string.h>

int main()
{
   char nome[40], sobrenome[20];
   strcpy (nome, "Henrique");
   strcpy (sobrenome, "Oliveira");
   strcat (nome, " ");
   strcat (nome, sobrenome);
   printf("Nome completo: %s\n", nome);
   printf("Quantidade de caracteres: %d\n", strlen(nome));
   return 0;
}
```

Agora neste outro exemplo vamos utilizar a função **strcmp** de forma a comparar duas cadeias de caracteres e, em seguida, exibi-las em ordem alfabética.

```c
#include <stdio.h>
#include <stdlib.h>
#include <string.h>

int main()
{
  char nome1[20], nome2[20];
  strcpy (nome1, "Andre");
  strcpy (nome2, "Mauricio");

  if (strcmp(nome1, nome2) < 0)
    printf("Ordem alfabética: %s, %s\n", nome1, nome2);
  else
    printf("Ordem alfabética: %s, %s\n", nome2, nome1);
  return 0;
}
```

Exercícios

Desenvolver, utilizando a Linguagem C, as soluções para os problemas a seguir.

1) Dada uma sequência de 10 números inteiros, imprimi-la na ordem inversa da leitura.

2) Considerando 5 números reais, digitados pelo usuário e armazenados em um vetor, exibir o valor da somatória destes.

3) Deseja-se determinar o número de acertos de um aluno em uma prova em forma de testes. A prova consta de 25 questões, cada uma com alternativas identificadas por A, B, C, D e E. Para determinar os acertos, esta prova deverá ser comparada ao seguinte gabarito: B, C, A, D, B, B, E, C, A, B, D, A, A, A, A, B, D, C, E, E, A, C, E, D, B.

4) Um dado de jogo foi lançado 20 vezes. A partir dos resultados dos lançamentos, determinar o número de ocorrências de cada face.

5) Dados dois vetores A e B, ambos com 5 elementos, determinar o produto desses vetores.

6) Dado um vetor de 10 números inteiros, determinar o número de vezes que cada um deles ocorre. Por exemplo, o vetor = [7, 3, 9, 5, 9, 7, 2, 7, 7, 2] produziria a seguinte saída: 7 ocorre 4 vezes, 3 ocorre 1 vez, 9 ocorre 2 vezes, 5 ocorre 1 vez e 2 ocorre 2 vezes.

7) Em uma classe há 10 alunos, cada um dos quais realizou 3 provas com pesos distintos. A primeira prova possui peso 3, a segunda possui peso 4 e a terceira, peso 3. Após o lançamento das notas, calcular a média ponderada para cada um dos alunos.

8) Dada uma sequência de 5 números inteiros digitados pelo usuário, determinar e exibir a média.

9) Dada uma matriz real A[4x3], verificar se existem elementos repetidos em A.

10) Implemente o tradicional jogo da velha a partir de uma matriz 3 por 3. Sendo que a matriz deve representar os seguintes valores possíveis: O, X e nulo (vazio).

11) Considerando o vetor A com tamanho 10 e os valores 4, 7, 2, 5; e o vetor B com tamanho 3 e os valores 3, 2, 1. Escrever uma função que insira os elementos do vetor B ao final do vetor A.

12) Considerando um vetor contendo, no máximo, 12 números reais digitados pelo usuário, elaborar uma rotina que mostre o maior número armazenado no vetor.

13) Representar em uma matriz e, em seguida, exibir na tela o seguinte estado de um jogo da velha:

O	X	
	O	
X		O

14) Desenvolver um algoritmo que efetue a leitura de dez números inteiros e os armazene no vetor "A". Em seguida o vetor "B" do mesmo tipo de dado, deverá ser carregado observando a seguinte regra: se o valor do índice for par, o valor do elemento deverá ser multiplicado por 5, caso contrário, deverá ser somado com 5. Ao final, o programa deverá mostrar os valores armazenados nos dois vetores.

15) Armazenar em um vetor os primeiros 20 números inteiros positivos que são múltiplos de 5.

16) Considerando um vetor de 500 números inteiros, carregado randomicamente com valores entre 1 e 1000, calcular e exibir o valor da média dos elementos armazenados no vetor.

17) Considerando um vetor de 200 números inteiros, carregado randomicamente com valores entre 1 e 100. Exibir apenas o valores armazenados no vetor que sejam múltiplos de 4.

2.12. Estruturas e Registros

No mundo real, frequentemente torna-se necessário representar e agrupar vários conjuntos de dados. Por exemplo, os clientes de uma determinada loja são muitos e não apenas um único. Neste contexto, temos o conceito de **estruturas** que pode ser entendido como a definição de um conjunto de atributos, conhecidos como **campos**, que caracterizarão o que é um cliente. A estrutura, por sua vez, permitirá a criação de um conjunto (vetor) composto por vários **registros** do tipo cliente.

Da mesma maneira que é possível realizar a criação de vetores a partir dos tipos de dados suportados pela Linguagem C, também podemos criar vetores a partir de estruturas. Com base nesses conceitos vamos agora definir uma estrutura **cliente** que apresenta nome, endereço e telefone como atributos.

```c
struct cliente
{
   char nome[30];
   char endereco[30];
   char telefone[15];
} cadastro[MAX];
```

A partir da definição da estrutura podemos elaborar as rotinas que permitirão a manipulação e consulta aos dados armazenados, conforme podemos observar no programa a seguir.

```c
#include <stdio.h>
#include <stdlib.h>
#include <string.h>
```

```c
#define MAX 1000

struct cliente
{
  char nome[30];
  char endereco[30];
  char telefone [15];
} cadastro[MAX];

int main()
{
  int i;
  for (i = 0; i < MAX; i++)
  {
    printf("Cliente N° %d:\n", (i + 1));
    printf("Nome: ");
    scanf("%s", cadastro[i].nome);
    printf("Endereço: ");
    scanf("%s", cadastro[i].endereco);
    printf("Telefone: ");
    scanf("%s", cadastro[i].telefone);
  }

  printf("%-30s  %-30s  %-15s\n", "Nome", "Endereço", "Telefone");
  for (i = 0; i < MAX; i++)
  {
    printf("%-30s  %-30s  %-15s\n", cadastro[i].nome, cadastro[i].endereco, cadastro[i].telefone);
  }
  return 0;
}
```

O acesso a um item da estrutura deve ser realizado sempre especificando o índice no qual o elemento foi armazenado no vetor e o campo que se deseja acessar, por exemplo, **cadastro[i].nome**.

Exercícios

Utilizando a Linguagem C, desenvolver as soluções para os problemas a seguir.

1) A partir da estrutura de vetores definida anteriormente, exibir apenas os elementos cadastrados nos quais a descrição do produto inicia-se com a letra 'R';

2) A partir da estrutura de vetores definida anteriormente, procurar e exibir a descrição do produto mais caro que está armazenado nos vetores.

3) Considerando a seguinte agenda de telefones, desenvolva uma estrutura que permita a representação, levando em conta o cadastro de, no máximo, 100 pessoas:

Nome	DDD	Telefone
João	11	3453-3455
Maria	19	3223-2545
Ana	11	45222300
José	15	45343422
Cristina	11	4523-2323

4) Utilizando a estrutura da agenda telefônica, elaborar uma rotina que a partir de um nome digitado pelo usuário mostre o DDD e o telefone da pessoa;

5) Utilizando a estrutura da agenda telefônica, escrever uma rotina que mostre a quantidade de pessoas cadastradas na agenda que possuem o DDD igual a 11.

6) Definir uma estrutura que permita armazenar o nome e as notas de alunos de uma determinada turma com 10 alunos, na qual, cada aluno possui duas notas. Em seguida, o programa deverá calcular e exibir o nome, a média final de cada um dos alunos indicando, caso a média seja menor que 6,0 (seis), que o aluno está reprovado, caso contrário, deveremos mostrar como aprovado.

7) Criar um programa que a partir de uma relação de 100 veículos contendo modelo, ano de fabricação e cor, exiba quantos são da cor azul.

2.13. Uso de Funções na Linguagem C

Na medida em que os programas se tornam mais complexos, é importante estruturar o código em partes menores com funcionalidades específicas. Outra vantagem da modularização consiste em permitir a reutilização de parte do programa, evitando assim que um mesmo trecho do código tenha que ser reescrito diversas vezes. Na Linguagem C o conceito de função deve ser aplicado com o intuito de modularizar um programa.

Como exemplo, vamos considerar uma aplicação que implemente uma calculadora simples, na qual o usuário irá escolher qual das quatro operações aritméticas básicas será realizada. Em seguida, o programa realizará a leitura de dois números **float** e exibirá o resultado da operação escolhida.

Inicialmente vamos criar uma função chamada **somar** que irá receber, como parâmetros, dois números reais. Em seguida, realizará a soma deles e retornará o resultado obtido, ou seja:

```c
float somar(float numero1, float numero2 )
{
   return (numero1 + numero2);
}
```

Na função principal do programa vamos obter, pela digitação, dois números e a operação que deverá ser realizada, conforme podemos observar no código-fonte a seguir.

```c
#include <stdio.h>
#include <stdlib.h>

float somar(float numero1, float numero2 )
{
   return (numero1 + numero2);
}

int main()
{
   float valor1, valor2, resultado = 0.0;
   char opcao, fim;
   do
   {
     printf("Valor 1: ");
     scanf("%f", &valor1);
     printf("Valor 2: ");
     scanf("%f", &valor2);
     printf("Opção desejada (+-*/): ");
     fflush(stdin);
     scanf("%c", &opcao);

     if (opcao == '+')
     {
```

```
        resultado = somar(valor1, valor2);
        printf("A soma é %f\n", resultado);
    }
    printf("Encerrar o programa (S/N)? ");
    fflush(stdin);
    scanf("%c", &fim);
    } while (fim != 's');
    return 0;
}
```

Exercícios

Aplicando o conceito de funções, desenvolver as soluções para os problemas a seguir.

1) Termine o exemplo da calculadora simples, desenvolvendo os procedimentos que faltam: Subtrair, Multiplicar e Dividir.

2) Acrescentar ao exemplo da calculadora simples um procedimento para calcular o quadrado de um número real digitado pelo usuário.

3) Considerando o problema de conversão de temperatura já apresentando anteriormente, resolvê-lo aplicando o conceito de procedimentos. A partir de uma temperatura e opção de conversão fornecidas pelo usuário, realize conversão entre temperaturas conforme ilustrado pela tabela a seguir. Após cada conversão o programa deverá perguntar se o usuário deseja realizar uma nova conversão. Quando o usuário digitar "sim" uma nova temperatura e a opção de conversão deverão ser solicitadas, caso contrário, o programa deverá ser encerrado.

De	Para	Fórmula
Celsius	Fahrenheit	°F = °C × 1,8 + 32
Fahrenheit	Celsius	°C = (°F − 32) / 1,8
Celsius	Kelvin	K = °C + 273,15
Kelvin	Celsius	°C = K − 273,15
Fahrenheit	Kelvin	K = (°F + 459,67) / 1,8
Kelvin	Fahrenheit	°F = K × 1,8 − 459,67

Capítulo 3
A Linguagem de Programação Java

3.1. Visão Geral

A linguagem de programação Java foi criada pela *Sun Microsystems* que, posteriormente, foi adquirida pela Oracle. O objetivo inicial do projeto era a criação de um *software* para produtos eletrônicos. Porém, as linguagens de programação existentes até então não eram adequadas, pois os programas escritos nestas linguagens precisavam ser recompilados para cada microprocessador utilizado. Quando um novo processador é lançado, grande parte dos programas devem ser recompilados para extrair o máximo de recursos desse novo processador.

Estruturalmente Java é considerada uma linguagem de alto nível, orientada a objetos, sendo sua sintaxe muito similar ao C++, sendo amplamente utilizada para o desenvolvimento dos mais diversos tipos de aplicações e também para uma grande variedade de plataformas. A seguir temos algumas de suas principais características:

Orientação a Objetos: O código Java é organizado em classes. Cada classe define um conjunto de métodos, e a partir destes métodos pode-se formar o comportamento de um objeto. Uma classe pode herdar comportamentos de outra classe. Com exceção de tipos simples, como números e variáveis booleanas, a maior parte das coisas em Java são objetos.

Tipos de Dados Estáticos: Em um programa Java toda variável deve ser definida antes de ser utilizada.

Diversidade de Tipos de Aplicações: A linguagem Java permite a criação de aplicações console (modo texto), gráficas (AWT e SWING), para a Internet (Applets, Servlets e JSP Java Server Pages) e para dispositivos portáveis ou móveis (J2ME).

Independência de Arquitetura: Como já explicamos anteriormente os programas Java são compilados em bytecodes, dessa forma os programas podem rodar em qualquer plataforma que suporte Java, sem a necessidade de serem recompilados. A linguagem Java é a mesma em qualquer computador. Por exemplo, tipos de dados simples não variam: um inteiro tem sempre 32 bits e um inteiro longo tem sempre 64 bits.

3.2. Ambientes de Desenvolvimento

Existem vários ambientes disponíveis para o desenvolvimento de programas na Linguagem Java. Nesta obra vamos abordar os mais populares que são o NetBeans e o Eclipse. Ambos são opções de ambiente de desenvolvimento gratuito e multiplataforma, ou seja, podem executar em computadores com Windows ou Linux, entre outros. O NetBeans está disponível para download no endereço **http://netbeans.org/** e o Eclipse pode ser encontrado em **http://www.eclipse.org**.

Os programas em Java, que serão desenvolvidos neste capítulo, podem ser executados em qualquer um desses dois ambientes, sendo necessário escolher e instalar apenas um deles.

3.3. Desenvolvimento no NetBeans

O NetBeans é uma opção de ambiente para desenvolvimento de aplicações em Java com distribuição gratuita. O NetBeans é um tipo de programa chamado de IDE, do inglês *Integrated Development Environment* ou Ambiente Integrado de Desenvolvimento, que pode ser entendido como um programa de computador que reúne características e ferramentas de apoio ao desenvolvimento de programas como editor de texto, compilador, *debugger* e ambiente de execução, entre outras.

Capítulo 3 - A Linguagem de Programação Java 183

Após o Netbeans ser executado é necessário criar um projeto, pois uma aplicação em Java é gerada a partir do projeto. Inicialmente, escolhemos a opção Arquivo do menu e depois a opção Novo Projeto. O passo seguinte consiste em escolher o tipo de aplicação Java que será criada, que neste exemplo e nos demais exemplos desenvolvidos neste livro, será Aplicativo Java. Em seguida, o botão Próximo deverá ser pressionado, conforme Figura 3.1 a seguir.

Figura 3.1: Criação de um novo projeto

Esta próxima janela (Figura 3.2) irá permitirá a definição do nome do projeto, a localização dos arquivos e a definição da classe principal, ou seja, aquela que irá conter o método **main** e que será executada quando o programa for iniciado.

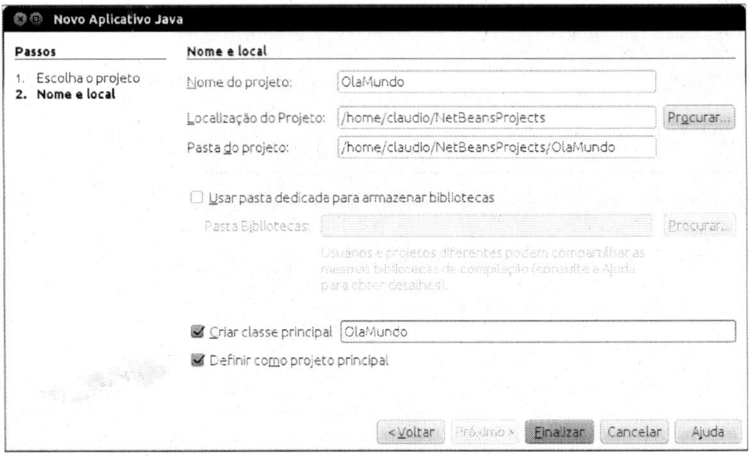

184 **Aprenda Lógica de Programação e Algoritmos**

Figura 3.2: Propriedades do projeto

Após preencher esses campos deve-se pressionar o botão Finalizar. Agora será exibido um modelo básico de aplicação, conforme Figura 3.3 a seguir, no qual deverão ser digitadas as instruções do programa que será desenvolvido.

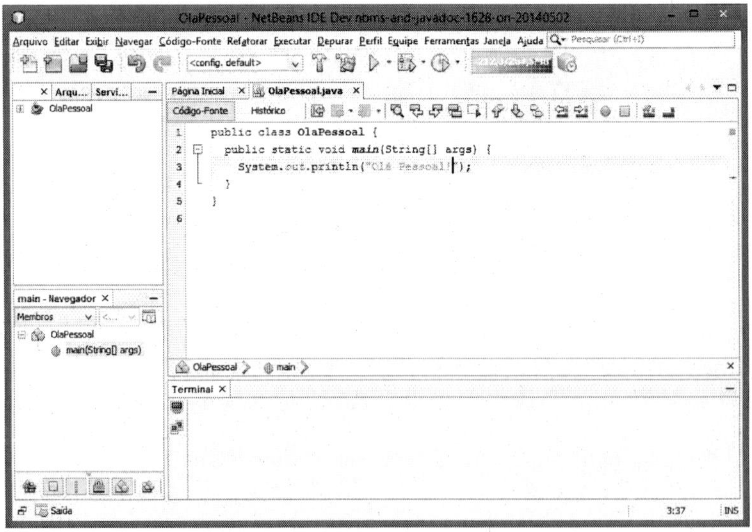

Figura 3.3: Janela principal do NetBeans

Digite dentro do método **main** a seguinte instrução sem se preocupar, por enquanto, com a sua função:

```java
System.out.println("Olá Pessoal!");
```

Salve o programa e depois a compilação da aplicação deve ser realizada utilizando-se a opção do menu Depurar e depois Depurar Projeto Principal (F11).

Para executar a aplicação a opção do menu Executar e Executar Projeto Principal deverá ser usada, e o resultado da aplicação (F6), quando em modo console, será exibido na janela posicionada na parte inferior do NetBeans, conforme ilustrado pela Figura 3.4 a seguir.

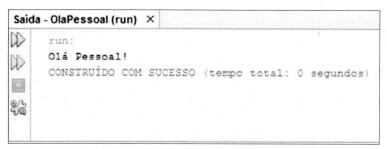

Figura 3.4: Resultado da execução da aplicação criada

3.4. Desenvolvimento no Eclipse

O Eclipse é outra opção de IDE para o desenvolvimento de aplicações na linguagem Java, é de distribuição gratuita, multiplataforma e, como já visto anteriormente, pode ser baixado a partir do endereço http://www.eclipse.org.

186 Aprenda Lógica de Programação e Algoritmos

Quando utilizamos o Eclipse, o primeiro passo consiste na criação de um projeto. Para isso, utilize a opção do menu Arquivo, Novo e depois Projeto Java. Neste momento a seguinte janela, conforme Figura 3.5, será exibida:

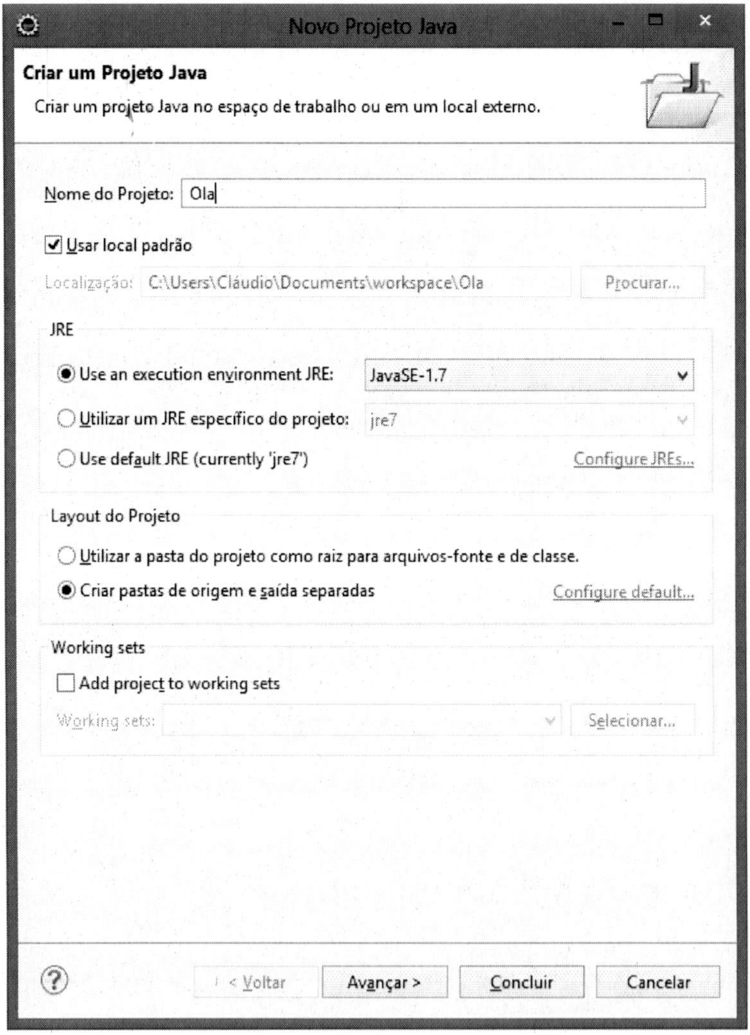

Figura 3.5: Criação do projeto no Eclipse

Capítulo 3 - A Linguagem de Programação Java 187

Devemos agora preencher o nome do projeto que, nesse exemplo, será Ola e pressionar, em seguida, o botão Avançar. Na próxima janela (Figura 3.6), não vamos alterar nada, desta maneira, aceitamos os valores mostrados e pressionamos o botão Concluir.

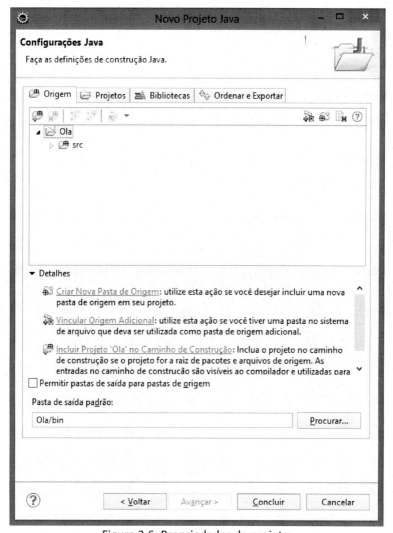

Figura 3.6: Propriedades do projeto

188 Aprenda Lógica de Programação e Algoritmos

A janela principal para desenvolvimento do programa será exibida, conforme ilustra a Figura 3.7 a seguir.

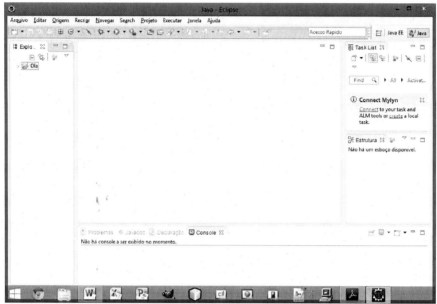

Figura 3.7: Janela principal do Eclipse

A etapa seguinte consiste em criar os arquivos que irão conter o código-fonte do programa. Na linguagem Java isso é realizado por meio da adição de classes ao projeto.

Para adicionar uma classe devemos selecionar a opção do menu Arquivo e depois Novo. Em seguida, a opção Classe deverá ser escolhida, conforme ilustrado pela Figura 3.8.

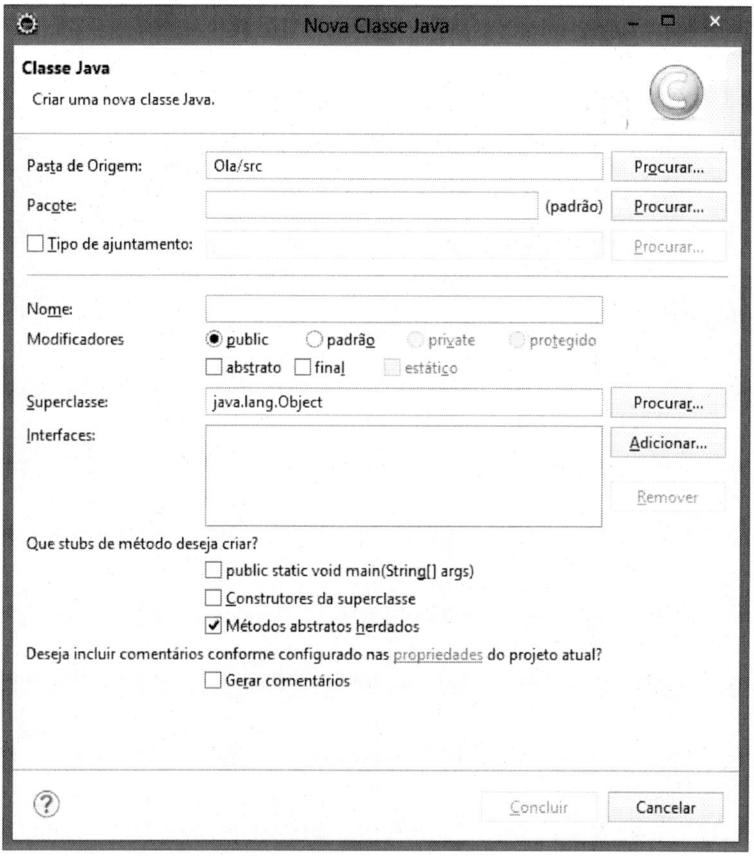

Capítulo 3 - A Linguagem de Programação Java 189

Figura 3.8: Adicionando uma classe ao projeto

A janela para definição da classe é mostrada. Para o desenvolvimento desse exemplo preencha o campo Nome com o nome da classe que deverá ser criada, ou seja, **Ola**. Em seguida selecione a opção que irá criar automaticamente o método **main** e pressione o botão Concluir.

Dentro do método **main**, insira uma instrução para exibir um texto na tela do console, conforme mostrado a seguir.

Java

```java
public class Ola
{ public static void main (String[] args)
  { System.out.println("Olá Pessoal!");
  }
}
```

Após a digitação do código-fonte da aplicação, o projeto deverá ser salvo. Para isso, escolha a opção do menu Arquivo e depois Salvar Todos.

O projeto neste momento está pronto para ser executado, porém antes disso, verifique na aba Problemas se não existem erros, conforme a Figura 3.9.

Figura 3.9: Aba de problemas

A execução do projeto será realizada por intermédio da opção Executar disponível no menu, e o resultado poderá ser observado na aba Console, conforme ilustrado pela Figura 3.10 a seguir.

Figura 3.10: Aba com o resultado da execução do programa

3.5. Representação dos Dados

Uma variável, atributo ou até mesmo o valor de retorno de um método, deve ser previamente declarado devendo apresentar um tipo de dado. Na tabela a seguir são apresentados os principais tipos de dados definidos pela linguagem Java.

Tipo de Dado	Descrição	Valores	Padrão
boolean	Um bit com contendo valor verdadeiro (*true*) ou falso (*false*)	true ou false	false
byte	valor inteiro com sinal de 1 byte	-128 a 127	0
short	valor inteiro com sinal de 2 bytes	-32.768 a 32.767	0
char	caractere de 2 bytes	0 a 65.535	'\u0000'
int	valor inteiro com sinal de 4 bytes	-2.147.483.648 a 2.147.483.647	0
float	valor numérico com precisão decimal de 4 bytes	1.40129846432481707e-45 a 3.40282346638528860e+38 (positivo ou negativo)	0,0f
double	valor numérico com precisão decimal de 8 bytes	4.94065645841246544e-324 a 1.79769313486231570e+308 (positivo ou negativo)	0,0d
long	valor inteiro com sinal de 8 bytes	-9.223.372.036.854.775.808 a +9.223.372.036.854.775.807	0L

Dessa forma, a declaração de uma variável deve apresentar o seu tipo de dado, o nome e, opcionalmente, o seu valor inicial.

Por exemplo, para declararmos uma variável inteira que possua o nome **valor** teremos a seguinte sintaxe:

Java

```
int valor;
```

Caso seja necessário atribuir um valor inicial, podemos realizar a declaração da seguinte maneira:

Java

```
int valor = 10;
```

Além dos tipos de dados suportados pela linguagem, existem também classes que permitem a criação de objetos que representam tipos de dados.

A vantagem da utilização dessas classes consiste na possibilidade de utilizar métodos que permitirão conversões, comparações e verificações aos valores armazenados nos objetos.

Classe	Objetivo
String	Cadeia de caracteres
Integer	Definir um objeto para o tipo inteiro
Float	Definir um objeto para o tipo de dados float
Double	Definir um objeto para o tipo de dados double
Date	Definir um objeto que permite armazenar data e/ou hora

Por exemplo, para declararmos um objeto que irá armazenar o nome de uma pessoa devemos declará-lo da seguinte maneira:

Java

```
String nome = "Maria";
```

Ou também poderia ser declarado assim:

Java
```
String nome = new String ("Maria");
```

3.6. Estrutura de um Programa Java

O primeiro programa que desenvolveremos será uma aplicação do tipo console de texto, que é um tipo de aplicação bastante simples, pois não envolve a adoção de conceitos de aplicações gráficas ou para a Internet.

Neste exemplo é importante observar, inicialmente, a definição da classe **OlaPessoal** e do método **main**. O método **println**, disponível no pacote padrão **System.out**, deverá ser utilizado para realizar a exibição de um texto na saída padrão do console.

Java
```
public class OlaPessoal
{ public static void main(String[] args)
   { System.out.println("Olá Pessoal!");
   }
}
```

É importante observar que, devido a linguagem Java ser orientada a objetos, ela é composta por classes que, por sua vez, são compostas por atributos e métodos. Independente do número de classes que uma aplicação possa implementar, um programa em Java terá início sempre a partir da classe que possui um método especial chamado **main**.

Após a compilação, ao executarmos a aplicação, a mensagem "Olá pessoal!" será exibida na tela. A Figura 3.11 a seguir, mostra a execução do programa na janela de saída do NetBeans que está localizada na parte inferior da tela da aplicação.

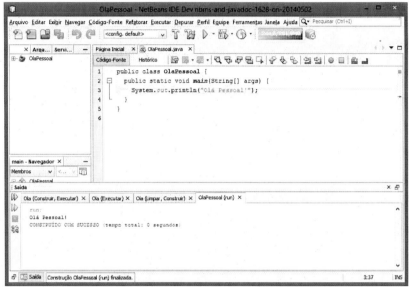

Figura 3.11: Janela principal e o resultado da execução do programa

3.7. Operadores

Na tabela a seguir temos a simbologia para os principais operadores de atribuição, aritméticos, relacionais e lógicos adotados na linguagem de programação Java.

Operador	Representação Simbólica	Operador	Representação Simbólica
Atribuição	=	Diferente de	!=
Adição	+	Maior	>
Subtração	-	Maior ou igual	>=
Multiplicação	*	Menor	<
Divisão	/	Menor ou igual	<=
Resto	%	E (And)	&&
Incremento	++	Ou (Or)	||
Decremento	--	Não (Not)	!
Igual a	==		

3.8. Entrada e Saída de Dados

A entrada dos dados pode ser realizada pela classe **Scanner**. Inicialmente devemos criar um objeto fornecendo, como parâmetro, **System.in** que representa o teclado do computador. A classe **Scanner** contém os métodos **nextLine**, **nextInt**, **nextFloat** e **nextDouble** que permitem a digitação de dados.

A seguir temos um exemplo da entrada de dados para obtermos o nome e o ano de nascimento de uma pessoa.

Java

```java
import java.util.*;

public class CalculoIdade
{ public static void main(String[] args)
   { Scanner teclado = new Scanner(System.in);
     System.out.print("Digite o seu nome: ");
```

```
        String nome = teclado.nextLine();
        System.out.print("Digite o ano de nascimento: ");

        int anoNascimento = teclado.nextInt();
        int idade = 2015 - anoNascimento;
        System.out.println("Olá, " + nome +
            " você possui " + idade + " anos.");
    }
}
```

A exibição dos dados na tela do computador pode ser realizada por meio do método **print** ou **println**, disponíveis em **System.out**.

Exercícios

Desenvolva, utilizando a linguagem de programação Java, a solução para os problemas a seguir:

1) Criar uma aplicação que receba por digitação o nome e o sobrenome e, em seguida, realize a exibição da seguinte maneira: sobrenome, nome.

2) Elaborar um programa que realize a multiplicação de dois valores numéricos do tipo de dado real digitados pelo usuário e, depois, exiba o valor calculado.

3) Escrever uma aplicação que receba quatro números inteiros digitados pelo usuário e, posteriormente, calcule e exiba o valor da soma desses números.

4) Criar uma aplicação que receba três números reais digitados pelo usuário e, após, calcule e exiba o valor da média.

5) Uma determinada loja precisa calcular o preço de venda de um produto. O cálculo deverá ser efetuado pela multiplicação do preço unitário pela quantidade vendida e, posteriormente, subtrair o valor do desconto. Considerar todas as variáveis do tipo de dado real e que estas serão digitadas pelo usuário.

6) Calcular a média final de um aluno, considerando que o mesmo irá realizar duas provas (P1 e P2), visto que a P1 deverá ter peso 4 e a P2 peso 6. Adotar que as notas são do tipo de dado real e que elas serão fornecidas pelo usuário.

7) A Lei de Ohm define que a resistência (R) de um condutor é obtida pela divisão da tensão aplicada (V) dividida pela intensidade da corrente elétrica (A). Dessa forma, a partir de uma tensão e corrente, digitadas pelo usuário, calcule e mostre o valor da resistência.

8) Adotando como referência o exercício 7, calcule e exiba a intensidade da corrente elétrica (A) a partir da tensão (V) e resistência (R) que o usuário irá fornecer ao programa.

9) A potência (P) consumida por determinado aparelho eletroeletrônico é definida pela tensão (V) multiplicada pela corrente (A). Elaborar um programa que, a partir da tensão e corrente fornecidas pelo usuário, calcule e mostre na tela a potência.

10) Considerando o exercício 9, calcule e exiba a corrente (A) que circula por determinado aparelho eletroeletrônico a partir da potência (P) e tensão (V) digitadas pelo usuário.

3.9. Uso das Estruturas de Seleção

As estruturas de controle permitem determinar a execução ou não de determinado bloco de código, também são responsáveis pela possibilidade de repetição de um bloco de código.

A estrutura **if else** realiza a avaliação da expressão lógica fornecida em condicao, caso seja verdadeira, o bloco de código associado a instrução **if** é executado, caso contrário, o bloco associado à instrução **else**, que é opcional, será executado. Também é possível realizar o encadeamento de instruções dando origem a uma estrutura do tipo **if else if else**, conforme pode ser observado no quadro a seguir.

```
if (condicao)
{ comando;
  ...
}
else if (condicao1)
{ comando;
  ...
}
else
{ comando;
  ...
}
```

A estrutura **if else** é utilizada para realizar a execução condicional de um determinado bloco de código e no exemplo a seguir será utilizada para determinar se um número é maior que zero. Observe que a instrução **else** é opcional e, para esse caso, não foi utilizada.

 Java

```
import java.util.*;
```

```java
public class MaiorZero
{ public static void main(String[] args)
  { Scanner teclado = new Scanner(System.in);
    System.out.print("Digite um número: ");
    int n = teclado.nextInt();
    if (n > 0)
    { System.out.println("O número é maior que zero");
    }
  }
}
```

A partir do exemplo do cálculo de idade, desenvolvido anteriormente, vamos adicionar a informação se a pessoa é maior ou menor de idade, por exemplo:

Java

```java
import java.util.*;

public class CalculoIdade
{ public static void main(String[] args)
  { Scanner teclado = new Scanner(System.in);
    System.out.print("Digite o seu nome: ");
    String nome = teclado.nextLine();
    System.out.print("Digite o ano de nascimento: ");
    int anoNascimento = teclado.nextInt();
    int idade = 2015 - anoNascimento;
    String maioridade = "";
    if (idade < 18)
       maioridade = "menor";
    else
       maioridade = "maior";
    System.out.println("Olá, " + nome +
       " você possui " + idade + " anos e é " +
       maioridade + " de idade.");
  }
}
```

Note no exemplo que as chaves em um bloco de comandos é opcional quando este possui apenas uma instrução. Dessa maneira, é equivalente escrever o trecho de programa desta forma:

Java
```
if (idade < 18)
{ maioridade = "menor";
}
else
{ maioridade = "maior";
}
```

Ou deste outro modo, mostrado no trecho de programa a seguir, pois os blocos de comandos utilizados no **if** e no **else**, neste exemplo, possuem apenas uma instrução.

Java
```
if (idade < 18)
   maioridade = "menor";
else
   maioridade = "maior";
```

A estrutura de controle **switch** pode ser usada como alternativa ao **if-else** em situações em que todas as expressões lógicas realizam sempre o teste de uma mesma variável. A estrutura funciona por meio da verificação de uma variavel, caso ela seja igual a valor1, então o respectivo bloco de comando é executado até que se encontre a instrução **break**, caso contrário, verifica-se variavel em relação a valor2 e, assim, sucessivamente. Se todas as condições forem falsas, o bloco que contém a instrução **default** será executado.

```
switch (variavel)
{ case valor1:
    comando;
    ...
    break;
  case valor2:
    comando;
    ...
    break;
  default:
    comando;
    ...
    break;
}
```

Para ilustrar esse conceito, imagine uma situação hipotética em que você precisa escrever uma aplicação que escreva o valor por extenso dos número inteiros 1, 2 e 3. Inicialmente, para fins de comparação, vamos realizar a implementação pelo uso de **if else** encadeados:

Java
```java
import java.util.*;

public class Extenso
{ public static void main(String[] args)
  { Scanner teclado = new Scanner(System.in);
    System.out.print("Digite um número: ");
    int n = teclado.nextInt();
    if (n == 1)
      System.out.println("Um");
    else if (n == 2)
      System.out.println("Dois");
    else if (n == 3)
      System.out.println("Três");
```

```
        else
            System.out.println("Não sei!");
    }
}
```

Observe que, nesse caso, adotando-se como referência o valor 2 atribuído a variável **n**, a primeira verificação (**n == 1**) será falsa, provocando a execução da cláusula **else** que se inicia com a instrução **if**, testando se **n == 2**. Agora o resultado da avaliação da expressão será verdadeiro e o comando **System.out.println("Dois")** será executado. Sendo essa condição verdadeira, os demais testes não serão realizados, pois estão inseridos dentro da instrução **else**.

A seguir, iremos implementar esse mesmo exemplo utilizando a estrutura **switch**. A estrutura recebe como parâmetro a variável **n**, ou seja, a variável que se deseja testar. Em seguida, cada cláusula **case** indica o valor necessário para que o respectivo bloco de comandos seja executado.

Um bloco de comando deve, obrigatoriamente, ser finalizado com a instrução **break**, a qual provoca o término da estrutura **switch**. Neste exemplo, a instrução **case 1** será falsa e o bloco não é executado. Em seguida, **case 2** resulta em verdadeiro, a mensagem será exibida e, ao encontrar o comando **break**, a estrutura é finalizada, isto é, **case 3** não será verificado e o bloco **default** não será executado.

Java

```java
import java.util.*;

public class Extenso
{ public static void main(String[] args)
    { Scanner teclado = new Scanner(System.in);
        System.out.print("Digite um número: ");
        int n = teclado.nextInt();
        switch (n)
        { case 1:
            System.out.println("Um");
            break;
```

```
      case 2:
        System.out.println("Dois");
        break;
      case 3:
        System.out.println("Três");
        break;
      default:
        System.out.println("Não sei!");
    }
  }
}
```

Exercícios

Desenvolver as soluções para os problemas a seguir utilizando Java.

1) Criar um programa que receba quatro números inteiros e exiba o menor deles.

2) Especificar uma aplicação que faça a leitura do nome e ano de nascimento de uma pessoa, calcule sua idade e exiba a idade calculada, indicando também se a pessoa é maior ou menor de idade.

3) Escreva um programa que, a partir de um número inteiro digitado pelo usuário, mostre se o número é par ou ímpar.

4) Elaborar uma rotina que, a partir de um número real digitado pelo usuário, mostre o seu valor absoluto.

5) Considerando que a aprovação de um aluno em determinada disciplina requer uma média final maior ou igual a 6,0 (seis), elaborar um programa que receba duas notas, realize o cálculo da média, exiba o valor calculado e também se o aluno está aprovado ou reprovado.

6) Criar um programa que permita ao usuário digitar dois números reais e uma das quatro operações matemáticas básicas e, em seguida, exiba o resultado do cálculo efetuado. A aplicação também não poderá permitir a tentativa de divisão de um número por zero.

7) A partir de cinco números reais, digitados pelo usuário, exibir o valor da média considerando apenas os números que são maiores que zero e menores do que mil.

8) Para converter a temperatura de graus Celsius para Fahrenheit, utiliza-se a fórmula: $F = C \times 1,8 + 32$. Elaborar uma rotina que realize essa conversão a partir de uma temperatura digitada pelo usuário.

9) Pelo cálculo do Índice de Massa Corporal (IMC) é possível saber se uma pessoa está acima ou abaixo dos parâmetros ideais de peso em relação a sua altura. Para calcular o IMC é necessário dividir o peso (Kg) de uma pessoa pela sua altura (m) elevada ao quadrado. Elaborar um programa que exiba o valor do IMC de uma pessoa e mostre a sua situação em relação à tabela a seguir:

Valor do IMC	Situação
Abaixo de 18,5	Você está abaixo do peso ideal
Entre 18,5 e 24,9	Parabéns, você está em seu peso normal!
Entre 25,0 e 29,9	Você está acima de seu peso (sobrepeso)
Entre 30,0 e 34,9	Obesidade grau I
Entre 35,0 e 39,9	Obesidade grau II
40,0 e acima	Obesidade grau III

10) Elaborar um programa que realize a resolução de uma equação do 2º grau utilizando, para isso, a Fórmula de Báskara.

$$\Delta = b^2 - 4.a.c$$

$$x = \frac{-b \pm \sqrt{\Delta}}{2.a}$$

11) A partir dos lados de um retângulo ou quadrado, digitados pelo usuário, elaborar uma rotina que calcule e exiba o valor da sua área e informe se o mesmo é um retângulo ou um quadrado. Lembrando que a área é obtida pela multiplicação da base (L) pela altura (A).

12) Considerando a moeda Real, Dólar Americano e Euro, elaborar uma rotina na qual o usuário irá digitar o valor, a respetiva moeda e a moeda para a qual deseja converter o valor. Em seguida, o programa deverá calcular e exibir o valor convertido, por exemplo:

Entrada:
Digite a moeda: **US$**
Digite o valor: **100,00**
Digite a moeda para qual deseja realizar a conversão: **R$**

Saída:
Resultado: R$ 245,00

Importante: Obter a cotação das moedas no dia da resolução do exercício.

13) Elaborar um programa que realize a conversão entre metros, pés, polegadas e milhas, adotando como referência que 1 polegada = 25.4 Milímetros, 1 pé = 30.48 Centímetros e 1 Milha = 1609.344 metros.

14) A partir de um valor digitado pelo usuário e o respectivo prefixo, mostrar a representação do valor nos demais prefixos, por exemplo:

```
Entrada:
Digite o valor: 10.000
Digite o prefixo: M

Saída:
10.000.000 k
10 G
0,01 T
```

Adotar, como referência a tabela mostrada a seguir:

Prefixo	Valor (Decimal)
k (kilo)	10^3 (1000)
M (mega)	10^6 (1,000,000)
G (Giga)	10^9 (1,000,000,000)
T (Tera)	10^{12} (1,000,000,000,000)

15) Utilizando a mesma tabela do exercício anterior, elaborar uma rotina na qual o usuário digitará o valor, o respectivo prefixo e o prefixo para o qual deseja representar o valor. Em seguida, o programa deverá exibir a representação do valor, por exemplo:

Entrada:
Digite o valor: **1.000.000**
Digite o prefixo: **M**
Digite o prefixo que deseja visualizar: **T**

Saída:
Resultado: 1 T

16) A partir de cinco números inteiros, digitados pelo usuário, determinar e exibir a quantidade de números que são pares.

17) Considerando três números inteiros, fornecidos pelo usuário, exibi-los em ordem crescente.

18) Elaborar uma rotina que, a partir de quatro números inteiros que deverão ser digitados pelo usuário, determine e mostre o maior número par.

19) A partir de quatro números inteiros, inseridos pelo usuário, exibir a quantidade de números que são múltiplos de 5, maiores ou iguais a 100 e menores do que 200.

20) Considerando três nomes, digitados pelo usuário, exibi-los em ordem alfabética.

21) Elaborar uma rotina que determine e mostre a diferença entre o maior e o menor valor dentre quatro números reais fornecidos pelo usuário.

22) Desenvolver uma rotina que a partir de 5 letras digitadas pelo usuário, determine e mostre a quantidade de vogais.

23) A área de um triângulo (A) é definida pela metade do produto da altura (H) pela respectiva base (B). Escrever um programa que, a partir dos valores da altura e base, que deverão ser valores reais e maiores que zero digitados pelo usuário, realize o cálculo e exiba o valor da área.

24) O IPVA de um veículo é calculado tomando como base o valor do veículo, o combustível utilizado e o tipo do veículo que serão fornecidos pelo usuário. Em seguida, o IPVA será calculado como 4% do valor do veículo, no caso de automóveis movidos a gasolina ou flex. Já para carros movidos somente a etanol, eletricidade ou gás ou qualquer desses três combustíveis combinados, a alíquota é de 3%. Para motos, camionetes cabine simples e ônibus ou micro-ônibus a alíquota é de 2% e para caminhões, de 1,5%. Elaborar uma rotina que, a partir dessas informações, calcule o mostre o valor do IPVA.

25) Elaborar um programa que calcule e exiba o comprimento de uma circunferência, a partir de um raio (R) digitado pelo usuário e que deverá ser um número real positivo. O comprimento é obtido pela fórmula: 2 x π x R.

26) Desenvolver um programa para uma loja que precisa determinar o preço final de uma compra, a partir dos seguintes dados fornecidos pelo usuário: código, descrição, peso, quantidade e preço. Em seguida, para determinar o preço final, devem-se utilizar os seguintes critérios para cálculo:

a) O preço total (bruto) é obtido multiplicando o preço unitário com a quantidade;

b) O valor do imposto será obtido por meio das seguintes faixas:

Preço total (bruto)	Valor do Imposto
< R$ 500,00	5,0% do preço total (bruto)
>= R$ 500,00 e < R$ 1.500,00	7,5% do preço total (bruto)
>= R$ 1.500,00	10,0% do preço total (bruto)

c) Quando o peso total do produto (peso x quantidade) for maior que 10kg acrescentar R$ 50,00 de custo de frete, caso contrário, o frete será gratuito;

d) O preço final será obtido somando o preço total (bruto) com o valor do imposto e o custo do frete.

27) A partir do salário e categoria, digitados pelos usuário, calcular o reajuste de salário de determinado funcionário baseando-se na tabela mostrada a seguir, sendo que o programa deverá aceitar tanto letras maiúsculas como minúsculas para determinar a categoria do funcionário.

Reajuste	Categoria
10%	A, C
15%	B, D, E
25%	F, L
35%	G, H
50%	I, J

3.10. Estruturas de Repetição

A estrutura **while** possibilita realizar a repetição de um bloco de comandos até que a expressão lógica fornecida em condicao seja avaliada como falsa, neste momento o **while** é encerrado e a execução do programa prossegue na linha de código imediatamente posterior ao comando.

```
while (condicao)
{ comando;
  ...
}
```

Como exemplo de utilização da estrutura **while**, mostraremos um programa que realiza a exibição dos números inteiros entre 1 e 10:

Java

```java
public class Contador
{ public static void main(String[] args)
  { int i = 1;
    while (i <= 10)
    { System.out.println(i);
      i++;
    }
    i = 1;
  }
}
```

Observe que o bloco de comandos irá se repetir enquanto a variável **i** for menor ou igual a 10. Quando **i** atingir o valor 11, a condição torna-se falsa, ou seja, a repetição é encerrada e o valor da variável será ajustado novamente para 1, pois, trata-se da instrução que está imediatamente após o bloco de comandos relativo à estrutura **while**.

A estrutura de controle **do while** tem funcionamento similar ao **while**, porém apresenta uma diferença fundamental: enquanto no **while** primeiro realiza-se a verificação da expressão lógica e depois a execução do bloco de comandos; na estrutura **do while** ocorre o contrário, inicialmente é realizada a execução do bloco de comando e depois é realizada a verificação da expressão lógica.

Desta forma, o bloco de comando sempre é executado pelo menos uma vez, independente de condicao ser verdadeira ou falsa.

```
do
{ comando;
  ...
} while (condicao);
```

Observe que, neste caso, primeiro será exibido o valor da variável **i**, depois realiza-se o seu incremento. Em seguida, a condição é verificada e, neste exemplo, será considerada falsa, encerrando a estrutura **do while**.

Java
```java
public class Contador
{ public static void main(String[] args)
  { int i = 11;
    do
    { System.out.println(i);
      i++;
    }
    while (i <= 10);
  }
}
```

A estrutura de repetição **for** apresenta como características particulares a possibilidade de realizar tarefas de inicialização e pós-execução no próprio corpo da instrução, permitindo um código mais conciso e com maior facilidade de entendimento.

```
for (instrucao1; condicao; instrucao2)
{ comando;
    ...
}
```

O comando tem início com execução de instrucao1, em seguida realiza-se a avaliação da expressão lógica condicao, caso seja verdadeira, o bloco de comandos é executado, caso contrário a estrutura será encerrada e a execução do programa irá prosseguir na instrução imediatamente posterior a estrutura **for**.

Após a execução do bloco de comandos executa-se instrucao2 e, em seguida, a expressão lógica é novamente verificada.

Java

```java
public class Contador
{ public static void main(String[] args)
   { for (int i = 1; i <= 10; i++)
      { System.out.println(i);
      }
   }
}
```

No exemplo apresentado anteriormente, é possível verificar que irá realizar a exibição dos números inteiros entre 1 e 10. Note que, quando comparado com o mesmo exemplo que utilizou a estrutura de controle while, a implementação com for é bem mais concisa.

Exercícios

Desenvolver as soluções para os problemas a seguir utilizando a linguagem de programação Java.

1) Escreva um programa que realize a exibição dos números inteiros pares entre 0 e 100.

2) Escreva um programa que realize a exibição, em ordem decrescente, dos números inteiros entre 0 e 200 e que também sejam múltiplos de 5.

3) Elaborar um programa que exiba os números inteiros contidos em um intervalo digitado pelo usuário.

4) Considerando uma moeda lançada 10 vezes, criar uma aplicação que determine o número de ocorrências de cada um dos lados.

5) Escrever um programa que mostre os números ímpares entre 101 e 121.

6) Elaborar uma rotina que mostre a tabuada de um determinado número inteiro entre 1 e 10 fornecido pelo usuário.

7) A partir de dois números inteiros, digitados pelo usuário, escrever uma rotina que mostre a média dos valores inteiros contidos no intervalo entre esses dois números.

8) Considerando 10 números reais digitados pelo usuário, exibir o menor deles.

9) Considerando 15 números inteiros digitados pelo usuário, exibir o maior deles.

10) Considerando 10 números reais digitados pelo usuário, exibir o valor da diferença entre o maior e o menor deles.

11) Determinada loja precisa digitar o nome e o preço dos seus produtos. Após cada produto digitado, deverá ser realizada uma pergunta se deseja digitar outro produto. Caso o usuário responda "sim", um novo produto será digitado, caso contrário, o programa deverá, antes de encerrar, exibir o nome do produto mais caro.

12) Obter, pela digitação, 10 números divisíveis por 3, calcular a soma entre eles e mostrar o resultado.

13) Considerando seis números inteiros representando dois intervalos de tempo (horas, minutos e segundos), elaborar uma rotina que calcule a diferença de tempo entre os intervalos.

14) A partir de uma temperatura e opção de conversão, fornecidas pelo usuário, realize conversão entre temperaturas conforme ilustrado pela tabela a seguir. Após cada conversão, o programa deverá perguntar se o usuário deseja realizar uma nova conversão. Quando o usuário digitar "sim", uma nova temperatura e opção de conversão deverão ser solicitadas, caso contrário, o programa deverá ser encerrado.

De	Para	Fórmula
Celsius	Fahrenheit	°F = °C × 1,8 + 32
Fahrenheit	Celsius	°C = (°F − 32) / 1,8
Celsius	Kelvin	K = °C + 273,15
Kelvin	Celsius	°C = K − 273,15
Fahrenheit	Kelvin	K = (°F + 459,67) / 1,8
Kelvin	Fahrenheit	°F = K × 1,8 − 459,67

15) Considerando um número inteiro digitado pelo usuário, calcular e exibir o valor da sua fatorial.

16) Escrever um programa que mostre a soma dos números ímpares entre 51 e 91.

17) Desenvolver um programa que mostre a média dos números pares maiores que zero e menores que vinte.

18) Considerando os números entre 40 e 80, elaborar uma rotina que mostre a quantidade de números neste intervalo que são múltiplos de 4.

Capítulo 3 - A Linguagem de Programação Java 215

19) Mostrar a quantidade de números múltiplos de 7 que estão em um intervalo fornecido pelo usuário.

20) Elaborar um programa que calcule e mostre os 6 primeiros números da Sequência de Fibonacci, ou seja, 1, 2, 3, 5, 8 e 13.

21) Criar uma rotina que mostre a somatória dos 10 primeiros valores da Sequência de Fibonacci.

22) Desenvolver um programa que recebe um número inteiro, digitado pelo usuário, e calcule o produto dos números pares de 1 até o número fornecido pelo usuário.

23) Considerando um número inteiro ímpar, digitado pelo usuário, exiba na tela um diamante, por exemplo, se o usuário digitou nove, devemos obter a seguinte saída:

24) Faça uma rotina que permita calcular o valor da associação em série de três resistores R1, R2 e R3, que serão digitados pelo usuário. O programa ficará solicitando os valores de R1, R2 e R3 e exibindo o resultado até que o usuário digite um valor para R1, R2 ou R3 igual a zero. O valor da associação em série de três resistores será obtido pela fórmula: R = R1 + R2 + R3.

25) Faça uma rotina que permita calcular o valor da associação em paralelo de dois resistores R1 e R2, que serão digitados pelo usuário e consistem em números reais positivos. O programa ficará solicitando os valores de R1 e R2 e exibindo o resultado até que o usuário digite um valor para R1 ou R2 igual a zero. O valor da associação em paralelo de dois resistores será obtido pela fórmula: R = R1 x R2 / (R1 + R2).

26) Elabore um programa que determine quantos números são múltiplos de 2 e de 3 no intervalo entre 1 e 100.

27) Desenvolva uma rotina que apresente os valores de conversão de graus Celsius em Fahrenheit, de 10 em 10 graus, iniciando a contagem em 0° Celsius e finalizando em 100° Celsius. A rotina deverá exibir tanto o valor em Celsius quanto em Fahrenheit e a seguinte fórmula deverá ser adotada: °F = °C × 1,8 + 32.

28) Desenvolver uma rotina que a partir de 10 letras digitadas pelo usuário, determine e mostre a quantidade de vogais e também a quantidade de consoantes.

29) Elaborar um programa que apresente a resolução do seguinte problema: "Determinada loja precisa digitar o nome e o preço de 10 produtos. Após a digitação dos 10 produtos, o programa deverá, antes de encerrar, exibir o nome do produto mais caro".

30) Elaborar um programa que imprima a sequência a seguir, isto é, para um número inteiro "n", digitado pelo usuário, exibir até a n-ésima linha, por exemplo:
1
2 2
3 3 3
4 4 4 4
...
n n n n n ... n

31) Desenvolver um programa que sorteie um número aleatório entre 0 e 500 e pergunte ao usuário qual é o "número mágico". O programa deverá indicar se a tentativa efetuada pelo usuário é maior ou menor que o número mágico e contar o número de tentativas. O programa apenas deverá encerrar quando o usuário acertar o número. Neste momento, também deverá mostrar uma mensagem, classificando o usuário como:

- De 1 a 3 tentativas: muito sortudo;
- De 4 a 6 tentativas: sortudo;
- De 7 a 10 tentativas: normal;
- 10 tentativas: tente novamente.

32) Desenvolver uma rotina que a partir de um caractere e uma determinada quantidade de linhas e colunas, todos fornecidos pelo usuário, realize a repetição do respectivo carectere na quantidade de linhas e colunas que foram digitadas. Por exemplo:

Entrada:
Linhas? 3
Colunas? 5
Caractere? X

Saída:
XXXXX
XXXXX
XXXXX

33) Elaborar um programa que a partir de uma determinada quantidade de linhas e colunas, digitadas pelo usuário, exiba um retângulo, por exemplo:

Entrada:
Linhas? 4
Colunas? 6

Saída:
```
+----+
|    |
|    |
+----+
```

3.11. Vetores e Matrizes em Java

Os vetores podem ser entendidos como uma lista de elementos de um mesmo tipo de dado e que exploram a contiguidade da memória. Dessa forma, qualquer elemento dessa lista pode ser acessado instantaneamente por meio de um índice. Quando os vetores possuem mais de uma dimensão os mesmos se tornam matrizes.

Os vetores e matrizes devem ser compostos apenas por elementos de um mesmo tipo de dado e devem ser declarados da mesma maneira como se cria a maioria dos objetos:

Java
```
int i[] = new int[5];
```

Nesse exemplo, criamos um vetor de inteiros que poderá receber cinco elementos. Em vetores e matrizes o primeiro elemento é acessado com o índice recebendo o valor 0 (zero). Para acessar um elemento dentro de um vetor devemos referenciar entre colchetes o índice da posição desejada, por exemplo:

Java
```
i[0] = 45;
```

Os elementos de um vetor podem ser inseridos no momento da criação dele, conforme mostrado a seguir.

Java

```java
int i[] = {64, 87, 32, 07, 86};
```

No próximo programa é mostrado um exemplo típico de aplicação de vetores na resolução de um problema computacional, sendo importante observar que a instrução **for (int i = 0; i < LANCAMENTOS; i++)** garantirá que, a qualquer momento durante a execução do programa, existirá um valor válido para o índice (variável **i**). O programa simula 20 lançamentos de uma moeda e, a partir dessa informação, devidamente armazenada em um vetor, determina o número de caras e coroas ocorridos.

Java

```java
public class CaraCoroa
{ public static void main(String[] args)
  { int LANCAMENTOS = 20;
    char lancamento[] = {'C', 'C', 'O', 'C', 'O', 'O',
       'O', 'C', 'C', 'C', 'O', 'C', 'C', 'O', 'O', 'C',
       'O', 'C', 'C', 'O' };
    int numeroCara = 0;
    int numeroCoroa = 0;

    for (int i = 0; i < LANCAMENTOS; i++)
    { if (lancamento[i] == 'C')
         numeroCara++;
      else
         numeroCoroa++;
    }
    System.out.println ("Ocorreu " + numeroCara +
       " caras e " + numeroCoroa + " coroas\n");
  }
}
```

Na linguagem de programação Java, uma matriz deve ser declarada indicando as dimensões desejadas, por exemplo, a seguir temos a criação de uma matriz bidimensional.

Java

```
char m[][] = new char[3][3];
```

A seguir apresentamos um pequeno exemplo de aplicação com matriz que simula a colocação aleatória das peças do jogo da velha em um tabuleiro:

Java

```
import java.util.Random;

public class ExemploMatriz
{ public static void main(String[] args)
  { char m[][] = new char[3][3];
    Random a = new Random();
    for (int i = 0; i < 3; i++)
    { for (int j = 0; j < 3; j++)
      { int n = a.nextInt(3);
        if (n == 0)
          m[i][j] = ' ';
        else if (n == 1)
          m[i][j] = 'O';
        else
          m[i][j] = 'X';
      }
      System.out.println(m[i][0] + " " + m[i][1] +
        " " + m[i][2]);
    }
  }
}
```

Capítulo 3 - A Linguagem de Programação Java

Quando mostramos os tipos de dados básicos, você deve ter observado que existe o tipo char que pode conter um caractere. Assim, poderíamos definir um vetor de **char** para poder armazenar cadeias de caracteres da seguinte forma:

Java
```
char linguagem[] = { 'J', 'a', 'v', 'a' };
```

Porém, para facilitar a vida dos programadores em Java, a linguagem nos oferece uma classe projetada especificamente para manipularmos cadeias de caracteres: a classe **String**. Utilizando esta classe, a definição da variável nome poderia ser realizada assim:

Java
```
String linguagem = new String("Java");
```

Ou ainda:

Java
```
String linguagem = "Java";
```

A vantagem de se utilizar a classe **String** está no fato de que esta já possui vários métodos para manipular os objetos criados, sendo os métodos mais utilizados:

- **charAt(int indice)** - retorna o caracter que está na posição indice;
- **equals(Object objeto)** - retorna **true** se o objeto **String** for igual a objeto;
- **length()** - retorna o tamanho do objeto;
- **substring(int inicio, int fim)** - retorna o objeto com os caracteres entre inicio e fim;

- **toLowerCase()** - retorna a cadeia de caracteres convertida para minúsculas;
- **toUpperCase()** - retorna a cadeia de caracteres convertida para maiúsculas.

No exemplo a seguir podemos observar a utilização de alguns dos métodos apresentados:

Java
```java
public class UsoString {
  public static void main(String[] args) {
    String linguagem = "Java";
    System.out.println(linguagem);
    System.out.println(linguagem.toUpperCase());
    System.out.println(linguagem.toLowerCase());
    System.out.println(linguagem.length() +
      " caracteres.");
    System.out.println(linguagem.substring(0, 2));
    System.out.println(linguagem.charAt(2));
  }
}
```

Na Figura 3.12 podemos visualizar o resultado da execução do programa criado.

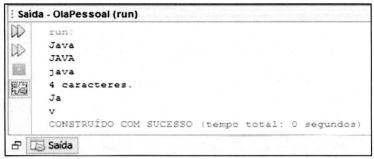

Figura 3.12: Exemplo de manipulação de cadeias de caracteres

Exercícios

Desenvolver, utilizando Java, as soluções para os problemas a seguir.

1) Dada uma sequência de 10 números inteiros, imprimi-la na ordem inversa à ordem da leitura.

2) Considerando 5 números reais digitados pelo usuário e armazenados em um vetor, exibir o valor da somatória destes.

3) Deseja-se determinar o número de acertos de um aluno em uma prova em forma de testes. A prova consta de 25 questões, cada uma com alternativas identificadas por A, B, C, D e E. Para determinar os acertos, essa prova deverá ser comparada ao seguinte gabarito: B, C, A, D, B, B, E, C, A, B, D, A, A, A, A, B, D, C, E, E, A, C, E, D, B.

4) Um dado de jogo foi lançado 20 vezes. A partir dos resultados dos lançamentos, determinar o número de ocorrências de cada face.

5) Dados dois vetores A e B, ambos com 5 elementos, determinar o produto desses vetores.

6) Dado um vetor de 10 números inteiros, determinar o número de vezes que cada um desses números ocorre. Por exemplo, o vetor = [7, 3, 9, 5, 9, 7, 2, 7, 7, 2], produziria a seguinte saída: 7 ocorre 4 vezes, 3 ocorre 1 vez, 9 ocorre 2 vezes, 5 ocorre 1 vez e 2 ocorre 2 vezes.

7) Em uma classe há 10 alunos, cada um realizou 3 provas com pesos distintos. Uma vez que a primeira prova possui peso 3, a segunda possui peso 4 e a terceira, peso 3, após o lançamento das notas, calcular a média ponderada para cada um dos alunos.

8) Dada uma sequência de 5 números inteiros digitados pelo usuário, determinar e exibir a média.

9) Dada uma matriz real A[4x3], verificar se existem elementos repetidos em A.

10) Implemente o tradicional jogo da velha a partir de uma matriz 3 por 3, visto que a matriz deve representar os seguintes valores possíveis: O, X e nulo (vazio).

11) Considerando o vetor A com tamanho 10 e os valores 4, 7, 2, 5; e o vetor B com tamanho 3 e os valores 3, 2, 1. Escrever uma função que insira os elementos do vetor B ao final do vetor A.

12) Considerando um vetor contendo, no máximo, 12 números reais digitados pelo usuário. Elaborar uma rotina que mostre o maior número armazenado no vetor.

13) Representar em uma matriz e, em seguida, exibir na tela o seguinte estado de um jogo da velha:

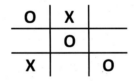

14) Desenvolver um algoritmo que efetue a leitura de dez números inteiros e os armazene no vetor "A". Em seguida, o vetor "B" do mesmo tipo de dados, deverá ser carregado observando a seguinte regra: se o valor do índice for par, o valor do elemento deverá ser multiplicado por 5, caso contrário, deverá ser somado com 5. Ao final, o programa deverá mostrar os valores armazenados nos dois vetores.

15) Armazenar em um vetor os primeiros 20 números inteiros positivos que são múltiplos de 5.

16) Considerando um vetor de 500 números inteiros, carregado randomicamente com valores entre 1 e 1000, calcular e exibir o valor da média dos elementos armazenados no vetor.

17) Considerando um vetor de 200 números inteiros, carregado randomicamente com valores entre 1 e 100, exibir apenas o valores armazenados no vetor que sejam múltiplos de 4.

3.12. Classes e Objetos

Adotando os conceitos de orientação a objetos e considerando que precisaríamos representar uma classe **Pessoa** que contém os atributos nome, endereço e telefone, poderíamos implementar a classe da seguinte maneira:

Java
```java
public class Pessoa
{ private String nome;
  private String endereco;
  private String telefone;

  public Pessoa() {
  }

  public Pessoa(String nome, String endereco,
     String telefone) {
    this.nome = nome;
    this.endereco = endereco;
    this.telefone = telefone;
  }
```

```java
public void setNome(String nome) {
  this.nome = nome;
}

public String getNome() {
  return (nome);
}

public void setEndereco(String endereco) {
  this.endereco = endereco;
}

public String getEndereco() {
  return (endereco);
}

public void setTelefone(String telefone) {
  this.telefone = telefone;
}

public String getTelefone() {
  return (telefone);
}
}
```

A palavra-reservada **this** é utilizada para referenciar um atributo ou método da própria classe, evitando ambiguidade em relação aos parâmetros ou variáveis declaradas dentro de um método da classe. Por exemplo, o construtor da classe Pessoa pode utilizar **this** para diferenciar os atributos dos parâmetros, conforme podemos observar no trecho de programa a seguir.

Java

```java
public Pessoa(String nome, String endereco,
  String telefone) {
  this.nome = nome;
  this.endereco = endereco;
  this.telefone = telefone;
```

}

Ou seja, **this.nome** faz a referência ao atributo nome enquanto **nome** identifica o parâmetro que foi passado no método construtor.

O método **toString()** é bastante utilizado em programação. Sua principal função é o retorno de uma determinada **String**. Um detalhe é que **String** é uma classe e caso seja necessário receber informações dessa classe, esse método permite o retorno das informações dela mesma. Seguindo o raciocínio desse método, pode-se observar o exemplo a seguir, considerando que o conteúdo de um objeto da classe **Pessoa** seja acessado pelo método.

Java
```
public String toString() {
    return nome + ", " + endereco + ", " + telefone;
}
```

Após a criação de uma classe, podemos criar os objetos a partir da classe, dessa forma, os objetos podem ser entendidos como instâncias de uma determinada classe. Em Java a palavra reservada **new** realiza o processo de instância.

Java
```
Pessoa pessoa = new Pessoa();
```

Ou

Java
```
Pessoa pessoa = new Pessoa("José",
    "Rua das Flores, 100", "11-4524-7445");
```

3.13. Coleções

No mundo real, frequentemente torna-se necessário representar e agrupar vários objetos. Por exemplo, os clientes de uma determinada loja são muitos e não apenas um. Nesse contexto, uma coleção pode ser entendida como um conjunto composto por vários objetos do tipo cliente, que compartilham o mesmo conjunto de atributos, porém, estes atributos apresentam estados diferentes.

Da mesma maneira que é possível realizar a criação de vetores a partir dos tipos de dados suportados pela linguagem Java, também podemos criar vetores a partir de classes. Neste exemplo será utilizada a classe **Pessoa** (já desenvolvida anteriormente) que apresenta nome, endereço e telefone como atributos, ou seja:

Java

```java
public class Pessoa
{ private String nome;
  private String endereco;
  private String telefone;

  public Pessoa()
  {
  }

  public Pessoa(String nome, String endereco,
      String telefone)
  { this.nome = nome;
    this.endereco = endereco;
    this.telefone = telefone;
  }
```

```java
    public void setNome(String nome)
    { this.nome = nome;
    }

    public String getNome()
    { return (nome);
    }

    public void setEndereco(String endereco)
    { this.endereco = endereco;
    }

    public String getEndereco()
    { return (endereco);
    }

    public void setTelefone(String telefone)
    { this.telefone = telefone;
    }

    public String getTelefone()
    { return (telefone);
    }
}
```

Agora, observe que a instanciação da classe irá ocorrer sobre um objeto do tipo vetor, sendo que cada elemento do vetor deverá ser instanciado antes de ser utilizado:

Java

```java
import java.util.*;

public class Agenda
{ public static void main(String[] args)
    { Scanner teclado = new Scanner(System.in);
      Pessoa pessoa[] = new Pessoa[3];
      for (int i = 0; i < 3; i++)
```

```
        { pessoa[i] = new Pessoa();
        System.out.println("Pessoa N° " + (i + 1) + ":");

        System.out.println("Nome: ");
        pessoa[i].setNome(teclado.nextLine());
        System.out.println("Endereço: ");
        pessoa[i].setEndereco(teclado.nextLine());
        System.out.println("Telefone: ");
        pessoa[i].setTelefone(teclado.nextLine());
        }

        System.out.println("Pessoas cadastradas:");
        for (int i = 0; i < 3; i++)
        { System.out.println(pessoa[i].getNome() + ", " +
            pessoa[i].getEndereco() + ", " +
            pessoa[i].getTelefone());
        }
    }
}
```

Toda coleção apresenta o atributo **length** que mostra a quantidade de itens existentes na coleção, dessa forma, as estruturas de repetição utilizadas no exemplo poderiam ser escritas do seguinte modo:

Java
```
for (int i = 0; i < pessoa.length; i++)
```

A utilização do atributo **length** para determinar o tamanho da coleção favorece a manutenção do programa, pois, no primeiro exemplo, se fosse necessário alterar o tamanho da coleção, três linhas deveriam ser alteradas: a declaração do vetor e a condição nas duas instruções **for**. Com a adoção do atributo **length**, torna-se necessário a alteração apenas da declaração do tamanho do vetor, quer dizer, uma única linha.

Exercícios

Utilizando a linguagem Java, desenvolver as soluções para os problemas a seguir.

1) A partir da classe **Agenda**, definida anteriormente, elaborar um método para exibir apenas os elementos cadastrados no vetor p, no qual o nome inicia-se com a letra 'R';

2) Considerando a classe **Agenda**, definida anteriormente, escrever um método que realize a procura e exibição do endereço e do telefone a partir de um nome digitado pelo usuário.

3) Alterar o programa de agenda de telefones, desenvolvido anteriormente, de modo a acrescentar o atributo DDD, levando em conta também o cadastro de, no máximo, 100 pessoas:

Nome	Endereço	DDD	Telefone
João	Rua das Flores, 100	11	3453-3455
Maria	Av. das Acácias, 123	19	3223-2545
Ana	Rua das Rosas, 48	11	45222300
José	Rua das Orquídeas, 26	15	45343422
Cristina	Av. das Margaridas, 1.100	11	4523-2323

4) Utilizando a estrutura da agenda telefônica, elaborar uma rotina que, a partir de um nome digitado pelo usuário, mostre o DDD e o telefone da pessoa;

5) Utilizando a estrutura da agenda telefônica, escrever uma rotina que mostre quantidade de pessoas cadastradas na agenda que possuem o DDD igual a 11.

6) Definir uma estrutura que permita armazenar o nome e as notas de alunos de uma determinada turma com 10 alunos, na qual, cada aluno possui duas notas. Em seguida, o programa deverá calcular e exibir o nome e a média final de cada aluno, indicando, caso a média seja menor que 6,0 (seis), que o aluno está reprovado, caso contrário, deverá mostrar como aprovado.

7) Criar um programa que, a partir de uma relação de 100 veículos contendo modelo, ano de fabricação e cor, exiba quantos são da cor azul.

3.14. Modularização de Programas em Java

Na medida em que os programas vão se tornando mais complexos, torna-se necessário estruturar o código em partes menores com funcionalidades específicas. Dessa forma, podemos utilizar os conceitos de classes e métodos, já abordados previamente, para modularizar uma solução desenvolvida em Java. Outra vantagem consiste em permitir a reutilização de parte do programa, evitando assim que um mesmo trecho do código tenha que ser escrito várias vezes.

Como exemplo, vamos considerar uma aplicação que implemente uma calculadora simples, na qual o usuário irá escolher qual das quatro operações aritméticas básicas será realizada. Em seguida, o programa realizará a leitura de dois números **float** e exibirá o resultado da operação escolhida.

Inicialmente vamos criar uma classe chamada **Operacao** e que irá conter os métodos que implementam as quatro operações aritméticas. Por hora, apenas o método **somar** será desenvolvido, ou seja:

```
public class Operacao
{ public float somar(float numero1, float numero2 )
```

```java
    { return (numero1 + numero2);
    }
}
```

Na classe principal do programa vamos desenvolver o conteúdo para o método **main**, conforme mostrado no código-fonte a seguir.

Java

```java
import java.util.Scanner;

public class CalculadoraSimples
{ public static void main(String[] args)
    { float valor1, valor2, resultado = 0.0f;
      String opcao, fim;
      Scanner teclado = new Scanner(System.in);
      Operacao operacao = new Operacao();
      do
      { System.out.print("Valor 1: ");
        valor1 = teclado.nextFloat();
        System.out.print("Valor 2: ");
        valor2 = teclado.nextFloat();
        System.out.print("Opção desejada (+-*/): ");
        opcao = teclado.nextLine();
        opcao = teclado.nextLine();

        if (opcao.equals("+"))
        { resultado = operacao.somar(valor1, valor2);
          System.out.println("A soma é " + resultado);
        }
        System.out.print("Encerrar o programa (S/N)? ");
        fim = teclado.nextLine();
      } while (!fim.equalsIgnoreCase("s"));
    }
}
```

Exercícios

Desenvolver as soluções para os problemas a seguir utilizando, para isso, a Linguagem de Programação Java.

1) Termine o exemplo da calculadora simples, desenvolvendo os métodos que faltam: Subtrair, Multiplicar e Dividir.

2) Acrescentar, ao exemplo da calculadora simples, um método para calcular o quadrado de um número real digitado pelo usuário.

3) Considerando o problema de conversão de temperatura já apresentando anteriormente, resolvê-lo aplicando o conceito de modularização. A partir de uma temperatura e opção de conversão fornecidas pelo usuário, realize conversão entre temperaturas conforme ilustrado pela tabela a seguir. Após cada conversão, o programa deverá perguntar se o usuário deseja realizar uma nova conversão. Quando o usuário digitar "sim", uma nova temperatura e a opção de conversão deverão ser solicitadas, caso contrário, o programa deverá ser encerrado.

De	Para	Fórmula
Celsius	Fahrenheit	°F = °C × 1,8 + 32
Fahrenheit	Celsius	°C = (°F − 32) / 1,8
Celsius	Kelvin	K = °C + 273,15
Kelvin	Celsius	°C = K − 273,15
Fahrenheit	Kelvin	K = (°F + 459,67) / 1,8
Kelvin	Fahrenheit	°F = K × 1,8 − 459,67

Capítulo 4
A Linguagem de Programação C#

4.1. Visão Geral

A linguagem de programação C# é uma linguagem poderosa, porém simples e voltada aos desenvolvedores que trabalham na criação de aplicações que utilizam o Microsoft .NET Framework.

A criação da linguagem C# ajudou muito no desenvolvimento da plataforma .NET, pois essa plataforma não precisou se adequar a nenhum código de alguma linguagem já existente. A linguagem C# foi criada especificamente para essa plataforma, permitindo inclusive que outras linguagens de programação tivessem suporte nela, como por exemplo, as linguagens Visual Basic.NET, C++ e J#.

Atualmente essa linguagem é amplamente utilizada para o desenvolvimento dos mais diversos tipos de aplicações. A seguir, citamos algumas de suas principais características:

Orientação a Objetos: Um programa escrito em C# é organizado em classes. Cada classe define um conjunto de métodos e a partir destes métodos, pode-se formar o comportamento de um objeto.

Tipos de Dados Estáticos: Na linguagem de programação C# todo objeto deve ser definido antes de ser utilizado.

Diversidade de Tipos de Aplicações: Dentro da plataforma .Net, em C#, é possível a criação de aplicações console (modo texto), gráficas (Windows Forms), para a Internet (ASP.Net), para smartphones que utilizam o sistema operacional Windows Phone e também para o console de jogos Xbox 360.

4.2. Ambiente de Desenvolvimento

O Microsoft Visual Studio é um IDE, do inglês *Integrated Development Environment* ou Ambiente Integrado de Desenvolvimento, que reúne características e ferramentas de apoio ao desenvolvimento de programas. Oferece suporte ao RAD (de Rapid Application Development ou "Desenvolvimento Rápido de Aplicações") visando uma maior produtividade no desenvolvimento de aplicações.

As versões Express do Microsoft Visual Studio são gratuitas e estão disponíveis em https://www.visualstudio.com/. Após baixar e instalar o programa, localize no Windows e, em seguida, execute o Visual Studio C# Express conforme ilustrado na Figura 4.1.

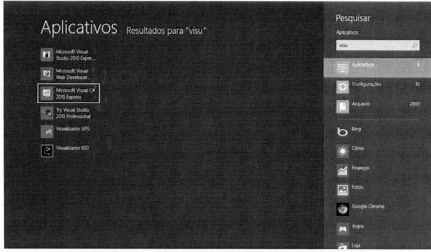

Figura 4.1: Visual C# Express

No Visual Studio, um Projeto (Project) pode ser entendido como um grupo de classes, formulários e recursos diversos, como arquivos de imagens e sons, entre outros, necessários à criação de um programa. Por outro lado, uma Solução (Solution) é um grupo de projetos. Um sistema pode ter uma ou mais soluções que, por sua vez, possuem um ou mais projetos.

Capítulo 4 - A Linguagem de Programação C# 237

A primeira etapa na construção de uma aplicação .Net consiste em realizar a criação de um projeto. Para isso, escolha no menu principal a opção File e depois New Project. Conforme podemos observar na Figura 4.2, nosso primeiro exemplo, que será criado com o intuito de ilustrar o funcionamento básico do Visual Studio, consiste em uma "Console Application" e será chamada de ExemploOla.

Figura 4.2: Novo projeto

A base de qualquer aplicação C# são as classes. Assim, conforme ilustrado na Figura 4.3, uma classe já foi automaticamente gerada durante a criação do projeto.

238 **Aprenda Lógica de Programação e Algoritmos**

Figura 4.3: Janela principal do Visual Studio

Não importa o número de classes de um projeto em C#, ele sempre iniciará por meio da classe que possui o método **Main** implementado. Neste exemplo, vamos simplesmente acrescentar a esse método as instruções **Console.WriteLine** e **Console.ReadKey** conforme podemos observar no código-fonte a seguir.

C#

```
using System;
using System.Collections.Generic;
using System.Text;

namespace ExemploOla
{
   class Program
   {
      static void Main(string[] args)
      {
```

Capítulo 4 - A Linguagem de Programação C# 239

```
        Console.WriteLine("Olá Pessoal!");
        Console.ReadKey();
    }
  }
}
```

Após, conclua as alterações no programa e salve as alterações realizadas (Figura 4.4).

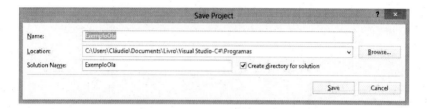

Figura 4.4: Gravação do projeto

O passo seguinte consiste em compilar a solução. Para isso, podemos utilizar a opção do menu Debug e depois Build Solution, também pode-se utilizar a tecla de atalho F6 para realizar o mesmo processo.

Após finalizar a construção da aplicação, é importante observar na parte inferior da IDE, na janela lista de erros (Error List,) mostrada na Figura 4.5, se ocorreram erros ou avisos.

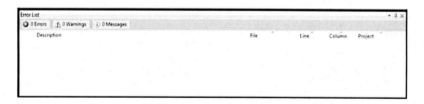

Figura 4.5: Lista de erros

Quando a compilação não apresentar erros, a mesma poderá ser executada por intermédio do menu Debug utilizando os itens Start Debugging (F5). O resultado da execução do programa deverá ser similar ao ilustrado pela Figura 4.6, a seguir.

Figura 4.6: Execução do programa

4.3. Tipo de Dado

Uma variável, atributo ou até mesmo o valor de retorno de um método, deve ser previamente declarado devendo apresentar um tipo de dado. Na tabela mostrada, a seguir, são apresentados os principais tipos de dados definidos pela linguagem C#.

Capítulo 4 - A Linguagem de Programação C# 241

Tipo de Dado	Descrição	Valores
boolean	Um bit contendo o valor verdadeiro (*true*) ou falso (*false*)	true ou false
char	Caractere de 16 bits	U+0000 a U+ffff
int	Valor inteiro com sinal de 32 bits	-2.147.483.648 a 2.147.483.647
float	Valor numérico com precisão decimal de 32 bits	$\pm 1.5 \times 10^{-45}$ a $\pm 3.4 \times 10^{38}$
double	Valor numérico com precisão decimal de 64 bits	$\pm 5.0 \times 10^{-324}$ a $\pm 1.7 \times 10^{308}$
string	Representa uma cadeia de caracteres Unicode	-

Dessa forma, a declaração de uma variável deve apresentar o seu tipo de dado, o nome que a variável terá e, opcionalmente, o seu valor inicial. Por exemplo, para declararmos uma variável inteira que possua o nome **valor** teremos a seguinte sintaxe:

C#
```
int valor;
```

Caso seja necessário atribuir um valor inicial, podemos realizar a declaração da seguinte maneira:

C#
```
int valor = 10;
```

O próximo exemplo irá implementar uma aplicação que abordará o conceito de tipos de dados e também as possibilidades de conversões entre eles. Para isso, crie um novo projeto no Visual Studio com o nome de ExemploVariaveis. Em seguida, insira o trecho de programa dentro do método Main.

C#

```csharp
using System;
using System.Collections.Generic;
using System.Text;

namespace ExemploVariaveis
{
  class Program
  {
    static void Main(string[] args)
    {
      int a = 20, c;
      string b = "10";
      c = a + Convert.ToInt32(b);
      Console.WriteLine("A soma de {0} com {1} é igual a {2}", a, b, c);
      Console.ReadKey();
    }
  }
}
```

Nesse exemplo é importante observarmos que a classe **Convert** é utilizada para realizar a conversão entre diferentes tipos de dado. Nesse caso, o método **ToInt32** converterá uma string (b) para um valor inteiro de 32 bits.

Capítulo 4 - A Linguagem de Programação C# 243

Além dos tipos de dados suportados pela linguagem, existem também classes que permitem a implementação de objetos que representam tipos de dados.

A vantagem da utilização dessas classes consiste na possibilidade de utilizar métodos que permitirão conversões, comparações e verificações aos valores armazenados nos objetos.

Classe	Objetivo
String	Cadeia de caracteres
Float	Definir um objeto para o tipo de dados float
Double	Definir um objeto para o tipo de dados double
DateTime	Definir um objeto que permite armazenar data e/ou hora

Por exemplo, para declararmos um objeto que irá armazenar o nome de uma pessoa devemos declará-lo da seguinte maneira:

C#

```
String nome = "Maria";
```

No caso de um valor numérico, o mesmo poderia ser declarado assim:

C#

```
Double preco = new Double();
```

4.4. Operadores

Na tabela a seguir temos a simbologia para os principais operadores de atribuição: aritméticos, relacionais e lógicos, adotados na linguagem de programação C#.

Operador	Representação Simbólica	Operador	Representação Simbólica
Atribuição	=	Diferente de	!=
Adição	+	Maior	>
Subtração	-	Maior ou igual	>=
Multiplicação	*	Menor	<
Divisão	/	Menor ou igual	<=
Resto	%	E (And)	&&
Incremento	++	Ou (Or)	||
Decremento	--	Não (Not)	!
Igual a	==		

4.5. Entrada e Saída de Dados

No programa desenvolvido anteriormente é importante observar o uso da classe **Console**. Ela é responsável por manipular e formatar a entrada e saída de dados nesse tipo de aplicação. O método **WriteLine** deverá ser utilizado sempre que se deseja exibir algum conteúdo para o usuário, enquanto o método **ReadKey** interrompe a execução do programa até que uma tecla seja pressionada.

A entrada dos dados pode ser realizada pela classe **Console**, por meio do método **ReadLine** que permite que o usuário do programa realize a digitação de dados.

No exemplo a seguir temos um exemplo da entrada de dados para obtermos o nome e o ano de nascimento de uma pessoa.

C#

```csharp
using System;
using System.Collections.Generic;
using System.Text;

namespace Idade
{
    class Program
    {
        static void Main(string[] args)
        {
            string nome;
            int anoNascimento, anoAtual, idade;
            Console.Write("Digite o seu nome: ");
            nome = Console.ReadLine();
            Console.Write("Digite o ano de nascimento: ");
            anoNascimento =
                Convert.ToInt32(Console.ReadLine());
            anoAtual = DateTime.Now.Year;
            idade = anoAtual - anoNascimento;
            Console.WriteLine("Olá " + nome +
                " a sua idade é " + idade + " anos.");
            Console.ReadKey();
        }
    }
}
```

Conforme já abordado anteriormente, a exibição dos dados na tela do computador pode ser realizada pelo método **Write** ou **WriteLine**, disponíveis na classe **Console**. Também é importante observar, nesse exemplo, o uso da propriedade **Title** da classe **Console** para definir o título da janela da aplicação.

O método **ForegroundColor** existente na classe **Console** permite mudar a cor do texto exibido no console, por exemplo, no programa a seguir vamos exibir a mensagem com o nome e a idade na cor amarela.

C#

```csharp
using System;
using System.Collections.Generic;
using System.Text;

namespace Idade
{
  class Program
  {
    static void Main(string[] args)
    {
      string nome;
      int anoNascimento, anoAtual, idade;
      Console.Title = "Cálculo da Idade";
      Console.Write("Digite o seu nome: ");
      nome = Console.ReadLine();
      Console.Write("Digite o ano de nascimento: ");
      anoNascimento =
        Convert.ToInt32(Console.ReadLine());
      anoAtual = DateTime.Now.Year;
      idade = anoAtual - anoNascimento;
      Console.ForegroundColor = ConsoleColor.Yellow;
      Console.WriteLine("Olá " + nome +
        " a sua idade é " + idade + " anos.");
      Console.ReadKey();
    }
  }
}
```

A Figura 4.7, a seguir, mostra o resultado da execução do programa que foi criado, sendo importante salientar que a última linha exibida no terminal estará na cor amarela.

Capítulo 4 - A Linguagem de Programação C# 247

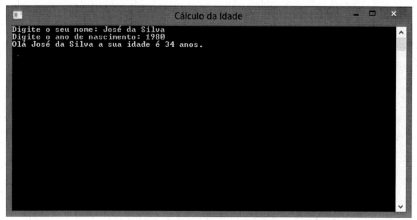

Figura 4.7: Uso da classe **ConsoleColor**

Exercícios

Utilizando a Linguagem de Programação C#, desenvolver a solução dos problemas a seguir:

1) Criar uma aplicação que receba por digitação o nome e o sobrenome e, em seguida, realize a exibição da seguinte maneira: sobrenome, nome.

2) Elaborar um programa que realize a multiplicação de dois valores numéricos do tipo de dado real digitados pelo usuário e, depois, exiba o valor calculado.

3) Escrever uma aplicação que receba quatro números inteiros digitados pelo usuário e, em seguida, calcule e exiba o valor da soma desses números.

4) Criar uma aplicação que receba três números reais, digitados pelo usuário e, em seguida, calcule e exiba o valor da média.

5) Uma determinada loja precisa calcular o preço de venda de um produto. O cálculo deverá ser efetuado por meio da multiplicação do preço unitário pela quantidade vendida e, posteriormente, subtrair o valor do desconto. Considerar todas as variáveis do tipo de dado real e que estas serão digitadas pelo usuário.

6) Calcular a média final de um aluno considerando que o mesmo irá realizar duas provas (P1 e P2), visto que a P1 deverá ter peso 4 e a P2, peso 6. Adotar que as notas são do tipo de dado real e que elas serão fornecidas pelo usuário.

7) A Lei de Ohm define que a resistência (R) de um condutor é obtida pela divisão da tensão aplicada (V) dividida pela intensidade da corrente elétrica (A). Dessa forma, a partir de uma tensão e corrente, digitadas pelo usuário, calcule e mostre o valor da resistência.

8) Adotando como referência o exercício 7, calcule e exiba a intensidade da corrente elétrica (A) a partir da tensão (V) e resistência (R) que o usuário fornecerá ao programa.

9) A potência (P) consumida por determinado aparelho eletroeletrônico é definida pela tensão (V) multiplicada pela corrente (A). Elaborar um programa que, a partir da tensão e corrente fornecidas pelo usuário, calcule e mostre na tela a potência.

10) Considerando o exercício 9, calcule e exiba a corrente (A) que circula por determinado aparelho eletroeletrônico a partir da potência (P) e tensão (V) digitadas pelo usuário.

4.6. Estruturas de Seleção em C#

A sintaxe dos comandos do C# é muito similar à dos comandos de linguagens como C, C++ ou Java. As estruturas de controle permitem determinar a execução ou não de determinado bloco de código e também são responsáveis pela possibilidade de repetição de um bloco de código.

A instrução **if** permite, a partir da avaliação de uma expressão lógica, definir qual bloco de instruções deverá ser executado. Assim, a instrução if é utilizada para realizar a execução condicional de um determinado bloco de código. No exemplo a seguir, a instrução será utilizada para determinar se um número é maior que zero. Observe que a instrução **else** é opcional e, para este caso, não foi utilizada.

C#

```csharp
using System;
using System.Collections.Generic;
using System.Text;

namespace MaiorZero
{
  class Program
  {
    static void Main(string[] args)
    {
      Console.Title = "Uso do comando if";
      Console.Write("Digite um número: ");
      int n = Convert.ToInt32(Console.ReadLine());
      if (n > 0)
      {
        Console.WriteLine("O número é maior que zero");
      }
      Console.ReadKey();
    }
  }
}
```

Agora vamos alterar o exemplo para adicionar a instrução **else**, dessa forma, se a condição no if for avaliada como falsa, a instrução que está dentro do else será executada.

C#

```csharp
using System;
using System.Collections.Generic;
using System.Text;

namespace MaiorZero
{
  class Program
  {
    static void Main(string[] args)
    {
      Console.Title = "Uso do comando if com else";
      Console.Write("Digite um número: ");
      int n = Convert.ToInt32(Console.ReadLine());
      if (n > 0)
      {
        Console.WriteLine("O número é maior que zero");
      }
      else
      {
        Console.WriteLine("O número não é maior que zero");
      }
      Console.ReadKey();
    }
  }
}
```

Em seguida, vamos desenvolver um programa no qual precisamos obter, pela digitação, o código, descrição e preço de um determinado produto.

C#

```csharp
using System;
using System.Collections.Generic;
using System.Text;

namespace Produto
{
    class Program
    {
        static void Main(string[] args)
        {
            int codigo;
            string descricao;
            double preco;
            Console.Title = "Produto";
            Console.Write("Código: ");
            codigo = Convert.ToInt32(Console.ReadLine());
            Console.Write("Descrição: ");
            descricao = Console.ReadLine();
            Console.Write("Preço: ");
            preco = Convert.ToDouble(Console.ReadLine());
            Console.ReadKey();
        }
    }
}
```

No código-fonte mostrado a seguir, apresentamos uma situação hipotética na qual precisamos determinar o valor do imposto de um produto a partir do seu preço. Quando o preço for inferior a 1000,00, o valor deverá ser 5% do seu preço, caso contrário, se o preço for maior ou igual a 1000,00 e menor que 3000,00, o imposto será 10% do preço e, se for maior ou igual a 3000,00, o imposto deverá ser de 15%.

C#

```csharp
using System;
using System.Collections.Generic;
using System.Text;

namespace Produto
{
    class Program
    {
        static void Main(string[] args)
        {
            int codigo;
            string descricao;
            double preco;
            Console.Title = "Produto";
            Console.Write("Código: ");
            codigo = Convert.ToInt32(Console.ReadLine());
            Console.Write("Descrição: ");
            descricao = Console.ReadLine();
            Console.Write("Preço: ");
            preco = Convert.ToDouble(Console.ReadLine());

            // Trecho adicionado ao programa para realizar
            // o cálculo do imposto
            double imposto = 0.00;
            if (preco < 1000.00)
                imposto = preco * 0.05;
            else if (preco < 3000.00)
                imposto = preco * 0.10;
            else
                imposto = preco * 0.15;
            Console.ReadKey();
        }
    }
}
```

Capítulo 4 - A Linguagem de Programação C# 253

Podemos notar no exemplo que, assim como em outras linguagens de programação, quando temos apenas uma instrução em um bloco de comandos o uso das chaves se torna opcional.

Agora nosso próximo passo consiste em alterar a aplicação de modo a exibir a descrição do produto com o seu respectivo preço e o valor do imposto de maneira similar à maneira mostrada pela Figura 4.8.

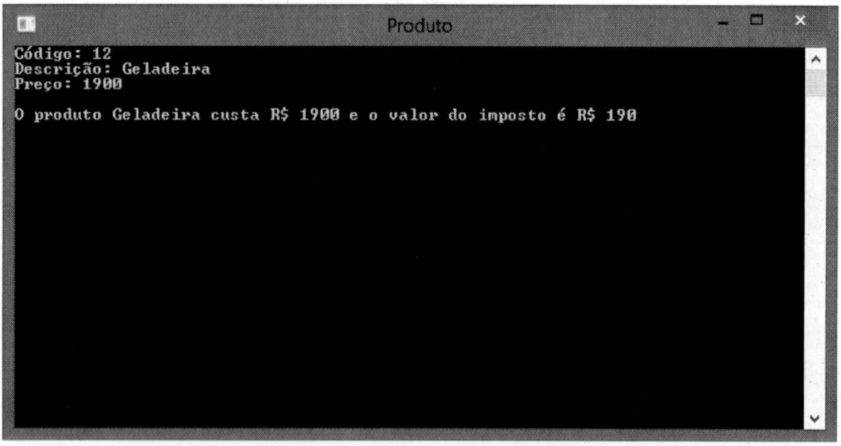

```
Código: 12
Descrição: Geladeira
Preço: 1900
O produto Geladeira custa R$ 1900 e o valor do imposto é R$ 190
```

Figura 4.8: Cálculo do imposto

Com o intuito de exibir essas informações devemos acrescentar a seguinte instrução após o cálculo do imposto:

C#

```
Console.WriteLine("\nO produto " + descricao +
  " custa R$ " + preco +
  " e o valor do imposto é R$ " +
  imposto);
```

Observe, na Figura 4.8, que o preço do produto e o valor do imposto não estão devidamente formatados com as duas casas decimais que representam os valores em centavos de um determinado valor expresso em reais (R$). Assim sendo, o método **ToString** pode ser utilizado para realizar a formatação de um determinado valor numérico, por exemplo, para formatar o preço e o valor do imposto com duas casas decimais poderíamos usar o trecho de programa mostrado a seguir.

C#

```
Console.WriteLine("\nO produto " + descricao +
 " custa R$ " + preco.ToString("##0.00") +
 " e o valor do imposto é R$ " +
 imposto.ToString("##0.00"));
```

Na Figura 4.9 temos a execução do nosso programa. Após a alteração realizada, observe os valores monetários devidamente formatados.

Figura 4.9: Formatação de números

A instrução **switch** deve ser utilizada para identificar se uma determinada variável apresenta um valor dentro de um conjunto de valores:

C#

```csharp
using System;
using System.Collections.Generic;
using System.Text;

namespace ExemploSwitch
{
  class Program
  {
    static void Main(string[] args)
    {
      Console.Title = "Uso do comando switch";
      Console.Write("Digite um número entre 1 e 3: ");
      int i = Convert.ToInt32(Console.ReadLine());
      switch (i)
      {
        case 1: Console.WriteLine("Um"); break;
        case 2: Console.WriteLine("Dois"); break;
        case 3: Console.WriteLine("Três"); break;
        default:
          Console.WriteLine("Número fora da faixa!");
          break;
      }
      Console.ReadKey();
    }
  }
}
```

Exercícios

Desenvolver as soluções para os problemas a seguir utilizando a Linguagem C#.

1) Criar um programa que receba quatro números inteiros e exiba o menor deles.

2) Especificar uma aplicação que faça a leitura do nome e ano de nascimento de uma pessoa, calcule sua idade e exiba a idade calculada também indicando se a pessoa é maior ou menor de idade.

3) Escreva um programa que, a partir de um número inteiro digitado pelo usuário, mostre se o número é par ou ímpar.

4) Elaborar uma rotina que, a partir de um número real digitado pelo usuário, mostre o seu valor absoluto.

5) Considerando que a aprovação de um aluno em determinada disciplina requer uma média final maior ou igual a 6,0 (seis). Elaborar um programa que receba duas notas, realize o cálculo da média, exiba o valor calculado e também se o aluno está aprovado ou reprovado.

6) Criar um programa que permita ao usuário digitar dois números reais e uma das quatro operações matemáticas básicas e, em seguida, exiba o resultado do cálculo efetuado. A aplicação também não poderá permitir a tentativa de divisão de um número por zero.

7) A partir de cinco números reais, digitados pelo usuário, exibir o valor da média considerando apenas os números que são maiores que zero e menores do que mil.

8) Para converter a temperatura de graus Celsius para Fahrenheit, utiliza-se a fórmula: F = C × 1,8 + 32. Elaborar uma rotina que realize essa conversão a partir de uma temperatura digitada pelo usuário.

9) Pelo cálculo do Índice de Massa Corporal (IMC) é possível saber se uma pessoa está acima ou abaixo dos parâmetros ideais de peso em relação a sua altura. Para calcular o IMC é necessário dividir o peso (Kg) de uma pessoa pela sua altura (m) elevada ao quadrado. Elaborar um programa que exiba o valor do IMC de uma pessoa e mostre a sua situação em relação à tabela a seguir:

Valor do IMC	Situação
Abaixo de 18,5	Você está abaixo do peso ideal
Entre 18,5 e 24,9	Parabéns, você está em seu peso normal!
Entre 25,0 e 29,9	Você está acima de seu peso (sobrepeso)
Entre 30,0 e 34,9	Obesidade grau I
Entre 35,0 e 39,9	Obesidade grau II
40,0 e acima	Obesidade grau III

10) Elaborar um programa que realize a resolução de uma equação do 2º grau utilizando, para isso, a Fórmula de Báskara.

$$\Delta = b^2 - 4.a.c$$

$$x = \frac{-b \pm \sqrt{\Delta}}{2.a}$$

11) A partir dos lados de um retângulo ou quadrado, digitados pelo usuário, elaborar uma rotina que calcule e exiba o valor da sua área e informe se o mesmo é um retângulo ou um quadrado. Lembrando que a área é obtida pela multiplicação da base (L) pela altura (A).

12) Considerando a moeda Real, Dólar Americano e Euro, elaborar uma rotina na qual o usuário irá digitar o valor, a respetiva moeda e a moeda para a qual deseja converter o valor. Em seguida, o programa deverá calcular e exibir o valor convertido, por exemplo:
Entrada:
Digite a moeda: **US$**
Digite o valor: **100,00**
Digite a moeda para qual deseja realizar a conversão: **R$**

Saída:
Resultado: R$ 245,00

Importante: Obter a cotação das moedas no dia da resolução do exercício.

13) Elaborar um programa que realize a conversão entre metros, pés, polegadas e milhas adotando, como referência, que 1 polegada = 25.4 Milímetros, 1 pé = 30.48 Centímetros e 1 Milha = 1609.344 metros.

14) A partir de um valor digitado pelo usuário e o respectivo prefixo, mostrar a representação do valor nos demais prefixos, por exemplo:

```
Entrada:
Digite o valor: 10.000
Digite o prefixo: M

Saída:
10.000.000 k
10 G
0,01 T
```

Adotar, como referência a tabela mostrada a seguir:

Prefixo	Valor (Decimal)
k (kilo)	10^3 (1000)
M (mega)	10^6 (1,000,000)
G (Giga)	10^9 (1,000,000,000)
T (Tera)	10^{12} (1,000,000,000,000)

15) Utilizando a mesma tabela do exercício anterior, elaborar uma rotina na qual o usuário irá digitar o valor, o respetivo prefixo e o prefixo para a qual deseja representar o valor. Em seguida, o programa deverá exibir a representação do valor, por exemplo:

Capítulo 4 - A Linguagem de Programação C# 259

Entrada:
Digite o valor: 1.000.000
Digite o prefixo: M
Digite o prefixo que deseja visualizar: T

Saída:
Resultado: 1 T

16) A partir de cinco números inteiros, digitados pelo usuário, determinar e exibir a quantidade de números que são pares.

17) Considerando três números inteiros, fornecidos pelo usuário, exibi-los em ordem crescente.

18) Elaborar uma rotina que, a partir de quatro números inteiros que deverão ser digitados pelo usuário, determine e mostre o maior número par.

19) A partir de quatro números inteiros, inseridos pelo usuário, exibir a quantidade de números que são múltiplos de 5, maiores ou iguais a 100 e menores que 200.

20) Considerando três nomes, digitados pelo usuário, exibi-los em ordem alfabética.

21) Elaborar uma rotina que determine e mostre a diferença entre o maior e o menor valor dentre quatro números reais fornecidos pelo usuário.

22) Desenvolver uma rotina que a partir de 5 letras digitadas pelo usuário, determine e mostre a quantidade de vogais.

23) A área de um triângulo (A) é definida pela metade do produto da altura (H) pela respectiva base (B). Escrever um programa que, a partir dos valores da altura e base, que deverão ser valores reais e maiores que zero digitados pelo usuário, realize o cálculo e exiba o valor da área.

24) O IPVA de um veículo é calculado tomando como base o valor do veículo, o combustível utilizado e o tipo do veículo que serão fornecidos pelo usuário. Em seguida, o IPVA será calculado como 4% do valor do veículo, no caso de automóveis movidos a gasolina ou flex. Já para carros movidos somente a etanol, eletricidade ou gás ou qualquer desses três combustíveis combinados, a alíquota é de 3%. Para motos, camionetes cabine simples e ônibus ou micro-ônibus a alíquota é de 2% e para caminhões, de 1,5%. Elaborar uma rotina que, a partir dessas informações, calcule o mostre o valor do IPVA.

25) Elaborar um programa que calcule e exiba o comprimento de uma circunferência, a partir de um raio (R), digitado pelo usuário e que deverá ser um número real positivo. O comprimento é obtido pela fórmula: 2 x π x R.

26) Desenvolver um programa para uma loja que precisa determinar o preço final de uma compra, a partir dos seguintes dados fornecidos pelo usuário: código, descrição, peso, quantidade e preço. Em seguida, para determinar o preço final, devem-se utilizar os seguintes critérios para cálculo:

a) O preço total (bruto) é obtido multiplicando o preço unitário com a quantidade;

b) O valor do imposto será obtido pelas seguintes faixas:

Preço total (bruto)	Valor do Imposto
< R$ 500,00	5,0% do preço total (bruto)
>= R$ 500,00 e < R$ 1.500,00	7,5% do preço total (bruto)
>= R$ 1.500,00	10,0% do preço total (bruto)

c) Quando o peso total do produto (peso x quantidade) for maior que 10kg, acrescentar R$ 50,00 de custo de frete, caso contrário, o frete será gratuito;

d) O preço final será obtido somando o preço total (bruto) com o valor do imposto e o custo do frete.

27) A partir do salário e categoria, digitados pelos usuário, calcular o reajuste de salário de determinado funcionário baseando-se na tabela mostrada a seguir. O programa deverá aceitar tanto letras maiúsculas como minúsculas para determinar a categoria do funcionário.

Reajuste	Categoria
10%	A, C
15%	B, D, E
25%	F, L
35%	G, H
50%	I, J

4.7. Estruturas de Repetição em C#

A estrutura de repetição **for** apresenta como características particulares a possibilidade de realizar tarefas de inicialização e pós-execução no próprio corpo da instrução, permitindo um código mais conciso e com maior facilidade de entendimento.

C#

```
using System;
using System.Collections.Generic;
using System.Text;

namespace ExemploFor
{
```

```
class Program
{
  static void Main(string[] args)
  {
    Console.Title = "Uso do comando for";
    for (int i = 0; i < 10; i++)
    {
      Console.WriteLine("O valor de i é " + i);
    }
    Console.ReadKey();
  }
}
```

O comando tem início com execução de **int i = 0**. Em seguida, realiza-se a avaliação da expressão lógica **i < 10**, caso a mesma seja verdadeira, o bloco de comandos é executado, caso contrário, a estrutura será encerrada e a execução do programa irá prosseguir na instrução imediatamente posterior a estrutura for. Após a execução do bloco de comandos, executa-se **i++** e, em seguida, a expressão lógica é novamente verificada. O exemplo irá mostrar os números inteiros entre 0 e 9, conforme ilustrado pela Figura 4.10.

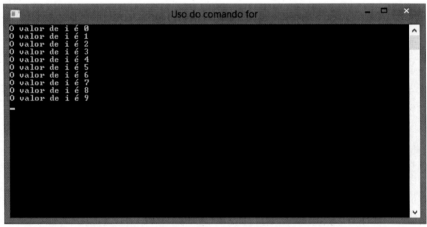

Figura 4.10: Números inteiros entre zero e nove

A estrutura **while** possibilita realizar a repetição de um bloco de comandos até que a expressão lógica fornecida em **i < 10** seja avaliada como falsa. Nesse momento o while é encerrado e a execução do programa prossegue na linha de código imediatamente posterior ao comando.

C#

```csharp
using System;
using System.Collections.Generic;
using System.Text;

namespace ExemploWhile
{
    class Program
    {
        static void Main(string[] args)
        {
            int i = 0;
            Console.Title = "Uso do comando while";
            while (i < 10)
            {
                Console.WriteLine("O valor de i é " + i++);
            }
            Console.ReadKey();
        }
    }
}
```

A estrutura de controle **do while** tem funcionamento similar ao while, porém apresenta uma diferença fundamental, enquanto no while primeiro realiza-se a verificação da expressão lógica e depois a execução do bloco de comandos, na estrutura **do while** ocorre o contrário. Ou seja, inicialmente é realizada a execução do bloco de comando e depois é realizada a verificação da expressão lógica. Dessa forma, o bloco de comando sempre é executado pelo menos uma vez, independente da condição ser verdadeira ou falsa.

C#

```csharp
using System;
using System.Collections.Generic;
using System.Text;

namespace ExemploDoWhile
{
    class Program
    {
        static void Main(string[] args)
        {
            int i = 0;
            Console.Title = "Uso do comando do";
            do
            {
                Console.WriteLine("O valor de i é " + (i+=2));
            }
            while (i < 20);
            Console.ReadKey();
        }
    }
}
```

Após a execução desse exemplo, mostrada na Figura 4.11, temos a exibição dos números pares entre 2 e 20.

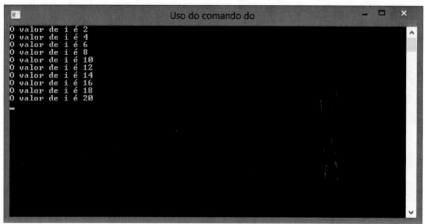

Figura 4.11: Exibição dos números pares entre 2 e 20

Exercícios

Desenvolver, utilizando C#, as soluções para os seguintes problemas.

1) Escreva um programa que realize a exibição dos números inteiros pares entre 0 e 100.

2) Escreva um programa que realize a exibição, em ordem decrescente, dos números inteiros entre 0 e 200 e que também sejam múltiplos de 5.

3) Elaborar um programa que exiba os números inteiros contidos em um intervalo digitado pelo usuário.

4) Considerando uma moeda lançada 10 vezes, criar uma aplicação que determine o número de ocorrências de cada um dos lados.

5) Escrever um programa que mostre os números ímpares entre 101 e 121.

6) Elaborar uma rotina que mostre a tabuada de um determinado número inteiro entre 1 e 10 fornecido pelo usuário.

7) A partir de dois números inteiros digitados pelo usuário, escrever uma rotina que mostre a média dos valores inteiros contidos no intervalo entre esses dois números.

8) Considerando 10 números reais digitados pelo usuário, exibir o menor deles.

9) Considerando 15 números inteiros digitados pelo usuário, exibir o maior deles.

10) Considerando 10 números reais digitados pelo usuário, exibir o valor da diferença entre o maior e o menor deles.

11) Determinada loja precisa digitar o nome e o preço dos seus produtos, após cada produto digitado, deverá ser realizada a pergunta se deseja digitar outro produto. Caso o usuário responda "sim", um novo produto será digitado, caso contrário, o programa deverá, antes de encerrar, exibir o nome do produto mais caro.

12) Obter pela digitação 10 números divisíveis por 3, calcular a soma entre eles e mostrar o resultado.

13) Considerando seis números inteiros representando dois intervalos de tempo (horas, minutos e segundos), elaborar uma rotina que calcule a diferença de tempo entre os intervalos.

14) A partir de uma temperatura e opção de conversão, fornecidas pelo usuário, realize a conversão entre temperaturas conforme ilustrado pela tabela a seguir. Após cada conversão o programa deverá perguntar se o usuário deseja realizar uma nova conversão. Quando o usuário digitar "sim", uma nova temperatura e opção de conversão deverão ser solicitadas, caso contrário, o programa deverá ser encerrado.

De	Para	Fórmula
Celsius	Fahrenheit	°F = °C × 1,8 + 32
Fahrenheit	Celsius	°C = (°F − 32) / 1,8
Celsius	Kelvin	K = °C + 273,15
Kelvin	Celsius	°C = K − 273,15
Fahrenheit	Kelvin	K = (°F + 459,67) / 1,8
Kelvin	Fahrenheit	°F = K × 1,8 - 459,67

15) Considerando um número inteiro digitado pelo usuário, calcular e exibir o valor da sua fatorial.

16) Escrever um programa que mostre a soma dos números ímpares entre 51 e 91.

17) Desenvolver um programa que mostre a média dos números pares maiores que zero e menores que vinte.

18) Considerando os números entre 40 e 80, elaborar uma rotina que mostre a quantidade de números neste intervalo que são múltiplos de 4.

19) Mostrar a quantidade de números múltiplos de 7 que estão em um intervalo fornecido pelo usuário.

20) Elaborar um programa que calcule e mostre os 6 primeiros números da Sequência de Fibonacci, ou seja, 1, 2, 3, 5, 8 e 13.

21) Criar uma rotina que mostre a somatória dos 10 primeiros valores da Sequência de Fibonacci.

22) Desenvolver um programa que recebe um número inteiro, digitado pelo usuário, e calcule o produto dos números pares de 1 até o número fornecido pelo usuário.

23) Considerando um número inteiro ímpar, digitado pelo usuário, exiba na tela um diamante. Por exemplo, se o usuário digitou nove, devemos obter a seguinte saída:

24) Faça uma rotina que permita calcular o valor da associação em série de três resistores R1, R2 e R3, que serão digitados pelo usuário. O programa ficará solicitando os valores de R1, R2 e R3 e exibindo o resultado até que o usuário digite um valor para R1, R2 ou R3 igual a zero. O valor da associação em série de três resistores será obtido pela fórmula: R = R1 + R2 + R3.

25) Faça uma rotina que permita calcular o valor da associação em paralelo de dois resistores R1 e R2, que serão digitados pelo usuário e consistem em números reais positivos. O programa ficará solicitando os valores de R1 e R2 e exibindo o resultado até que o usuário digite um valor para R1 ou R2 igual a zero. O valor da associação em paralelo de dois resistores será obtido pela fórmula: R = R1 x R2 / (R1 + R2).

26) Elabore um programa que determine quantos números são múltiplos de 2 e de 3 no intervalo entre 1 e 100.

27) Desenvolva uma rotina que apresente os valores de conversão de graus Celsius em Fahrenheit, de 10 em 10 graus, iniciando a contagem em 0° Celsius e finalizando em 100° Celsius. A rotina deverá exibir tanto o valor em Celsius quanto em Fahrenheit e a seguinte fórmula deverá ser adotada: °F = °C × 1,8 + 32.

28) Desenvolver uma rotina que a partir de 10 letras digitadas pelo usuário, determine e mostre a quantidade de vogais e também a quantidade de consoantes.

29) Elaborar um programa que apresente a resolução do seguinte problema: "Determinada loja precisa digitar o nome e o preço de 10 produtos. Após a digitação dos 10 produtos, o programa deverá, antes de encerrar, exibir o nome do produto mais caro".

30) Elaborar um programa que imprima a sequência a seguir. Isto é, para um número inteiro "n", digitado pelo usuário, exibir até a n-ésima linha, por exemplo:
1
2 2
3 3 3
4 4 4 4
...
n n n n n ... n

31) Desenvolver um programa que sorteie um número aleatório entre 0 e 500 e pergunte ao usuário qual é o "número mágico". O programa deverá indicar se a tentativa efetuada pelo usuário é maior ou menor que o número mágico e contar o número de tentativas. O programa apenas deverá encerrar quando o usuário acertar o número. Neste momento, também deverá mostrar uma mensagem, classificando o usuário como:

- De 1 a 3 tentativas: muito sortudo;
- De 4 a 6 tentativas: sortudo;
- De 7 a 10 tentativas: normal;
- 10 tentativas: tente novamente.

32) Desenvolver uma rotina que, a partir de um caractere e uma determinada quantidade de linhas e colunas, todos fornecidos pelo usuário, realize a repetição do respectivo carectere na quantidade de linhas e colunas que foram digitadas. Por exemplo:

Entrada:
Linhas? **3**
Colunas? **5**
Caractere? **X**

Saída:
XXXXX
XXXXX
XXXXX

33) Elaborar um programa que a partir de uma determinada quantidade de linhas e colunas digitadas pelo usuário, exiba um retângulo, por exemplo:

Entrada:
Linhas? **4**
Colunas? **6**

Saída:
```
+----+
|    |
|    |
+----+
```

4.8. Vetores e Matrizes

Os vetores e matrizes devem ser compostos apenas por elementos de um mesmo tipo de dado (ou de uma mesma classe) e devem ser declarados da seguinte maneira:

C#
```
int[] v = new int[10];
```

Nesse exemplo estamos declarando um vetor de dez números inteiros. Em vetores e matrizes o primeiro elemento é acessado com o índice recebendo o valor 0 (zero). Para acessar um elemento dentro de um vetor devemos referenciar entre colchetes o índice da posição desejada, ou seja:

C#
```
v[0] = 45;
```

Agora utilizaremos uma sequência de dez números inteiros, gerada aleatoriamente pela classe **Random**, para preencher o vetor e, em seguida, exibir o valor do elemento que ocupa a quarta posição do vetor.

C#

```csharp
using System;
using System.Collections.Generic;
using System.Text;

namespace ExemploVetor
{
    class Program
    {
        static void Main(string[] args)
        {
            int[] v = new int[10];
            Random a = new Random();
            Console.Title = "Exemplo de vetor";
            Console.Write("Vetor: ");
            for (int i = 0; i < 10; i++)
            { v[i] = a.Next(1, 50);
                Console.Write("{0}, ", v[i]);
            }
            Console.WriteLine("\nO valor do elemento na quarta posição é {0}", v[3]);
            Console.ReadKey();
        }
    }
}
```

Na Figura 4.12 a seguir, temos o resultado da execução do programa que foi criado.

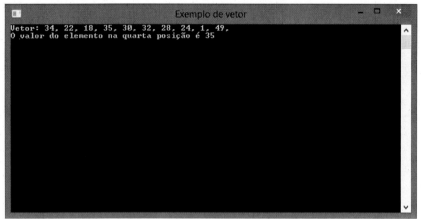

Figura 4.12: Exemplo de vetor

Uma matriz deve ser criada indicando as dimensões desejadas, por exemplo, a seguir teríamos a declaração de uma matriz bidimensional.

C#

```csharp
char[,] m = new char[3,3];
```

Neste próximo exemplo temos um pequeno exemplo que simula a colocação das peças do jogo da velha em um tabuleiro:

C#

```csharp
using System;
using System.Collections.Generic;
using System.Text;

namespace ExemploJogoVelha
{
    class Program
    {
        static void Main(string[] args)
```

```csharp
{
    char[,] m = new char[3,3];
    int n;
    Random a = new Random();
    Console.Title = "Jogo da Velha";
    for (int i = 0; i < 3; i++)
    {
      for (int j = 0; j < 3; j++)
      {
        n = a.Next(0, 3);
        if (n == 0)
          m[i,j] = ' ';
        else if (n == 1)
          m[i,j] = 'O';
        else
          m[i,j] = 'X';
      }
      Console.WriteLine("{0}  {1}  {2}", m[i,0],
        m[i,1], m[i,2]);
    }
    Console.ReadKey();
  }
 }
}
```

Ao executar o programa, devemos obter um resultado similar ao ilustrado pela Figura 4.13 a seguir.

Capítulo 4 - A Linguagem de Programação C# 275

Figura 4.13: Jogo da velha

Exercícios

Por meio da Linguagem de Programação C#, elaborar as soluções para os problemas a seguir.

1) Dada uma sequência de 10 números inteiros, imprimi-la na ordem inversa à ordem da leitura.

2) Considerando 5 números reais digitados pelo usuário e armazenados em um vetor, exibir o valor da somatória dos destes.

3) Deseja-se determinar o número de acertos de um aluno em uma prova em forma de testes. A prova consta de 25 questões, cada uma com alternativas identificadas por A, B, C, D e E. Para determinar os acertos, essa prova deverá ser comparada ao seguinte gabarito: B, C, A, D, B, B, E, C, A, B, D, A, A, A, B, D, C, E, E, A, C, E, D, B.

4) Um dado de jogo foi lançado 20 vezes. A partir dos resultados dos lançamentos, determinar o número de ocorrências de cada face.

5) Dados dois vetores A e B, ambos com 5 elementos, determinar o produto desses vetores.

6) Dado um vetor de 10 números inteiros, determinar o número de vezes que cada um deles ocorre no mesmo. Por exemplo, o vetor = [7, 3, 9, 5, 9, 7, 2, 7, 7, 2], produziria a seguinte saída: 7 ocorre 4 vezes, 3 ocorre 1 vez, 9 ocorre 2 vezes, 5 ocorre 1 vez e 2 ocorre 2 vezes.

7) Em uma classe há 10 alunos, cada um dos quais realizou 3 provas com pesos distintos. A primeira prova possui peso 3, a segunda possui peso 4 e a terceira, peso 3. Após o lançamento das notas, calcular a média ponderada para cada um dos alunos.

8) Dada uma sequência de 5 números inteiros digitados pelo usuário, determinar e exibir a média.

9) Dada uma matriz real A[4x3], verificar se existem elementos repetidos em A.

10) Implemente o tradicional jogo da velha a partir de uma matriz 3 por 3. Sendo que a matriz deve representar os seguintes valores possíveis: O, X e nulo (vazio).

11) Considerando o vetor A com tamanho 10 e os valores 4, 7, 2, 5; e o vetor B com tamanho 3 e os valores 3, 2, 1, escrever uma função que insira os elementos do vetor B ao final do vetor A.

12) Considerando um vetor contendo, no máximo, 12 números reais digitados pelo usuário, elaborar uma rotina que mostre o maior número armazenado no vetor.

13) Representar em uma matriz e, em seguida, exibir na tela o seguinte estado de um jogo da velha:

O	X	
	O	
X		O

14) Desenvolver um algoritmo que efetue a leitura de dez números inteiros e os armazene no vetor "A". Em seguida, o vetor "B" do mesmo tipo de dado, deverá ser carregado observando a seguinte regra: se o valor do índice for par, o valor do elemento deverá ser multiplicado por 5, caso contrário, deverá ser somado com 5. Ao final, o programa deverá mostrar os valores armazenados nos dois vetores.

15) Armazenar em um vetor os primeiros 20 números inteiros positivos que são múltiplos de 5.

16) Considerando um vetor de 500 números inteiros, carregado randomicamente com valores entre 1 e 1000, calcular e exibir o valor da média dos elementos armazenados no vetor.

17) Considerando um vetor de 200 números inteiros, carregado randomicamente com valores entre 1 e 100, exibir apenas o valores armazenados no vetor que sejam múltiplos de 4.

4.9. Classes e Objetos

Adotando os conceitos de orientação a objetos e considerando que precisaríamos representar uma classe **Pessoa** que contém os atributos nome, endereço e telefone, poderíamos implementar a classe da seguinte maneira:

C#

```csharp
namespace Agenda
{
  public class Pessoa
  {
    private String nome;
    private String endereco;
    private String telefone;

    public Pessoa()
    {
    }

    public Pessoa(String nome, String endereco,
      String telefone)
    {
      this.nome = nome;
      this.endereco = endereco;
      this.telefone = telefone;
    }

    public void setNome(String nome)
    {
      this.nome = nome;
    }

    public String getNome()
    {
      return (nome);
    }
```

Capítulo 4 - A Linguagem de Programação C#

```csharp
      public void setEndereco(String endereco)
      {
        this.endereco = endereco;
      }

      public String getEndereco()
      {
        return (endereco);
      }

      public void setTelefone(String telefone)
      {
        this.telefone = telefone;
      }

      public String getTelefone()
      {
        return (telefone);
      }
    }
}
```

Em C# também existem gets e sets implementados pela própria linguagem, então, a classe **Pessoa** também poderia ser desenvolvida da seguinte maneira:

C#

```csharp
namespace Agenda
{
  public class Pessoa
  {
    private string nome;
    private string endereco;
    private string telefone;

    public Pessoa()
```

```
    {
    }

    public Pessoa(string nome, string endereco,
       string telefone)
    {
       this.nome = nome;
       this.endereco = endereco;
       this.telefone = telefone;
    }

    public string Nome
    {
       get { return nome; }
       set { nome = value; }
    }

    public string Endereco
    {
       get { return endereco; }
       set { endereco = value; }
    }

    public string Telefone
    {
       get { return telefone; }
       set { telefone = value; }
    }
  }
}
```

A palavra-reservada **this** é utilizada para referenciar um atributo ou método da própria classe evitando ambiguidade em relação aos parâmetros ou variáveis declaradas dentro de um método da classe. Por exemplo, o construtor da classe Pessoa pode utilizar **this** para diferenciar os atributos dos parâmetros:

C#

```
public Pessoa(String nome, String endereco,
  String telefone)
{
  this.nome = nome;
  this.endereco = endereco;
  this.telefone = telefone;
}
```

Ou seja, **this.nome** faz referência ao atributo da classe identificado como nome. Por outro lado, se usarmos apenas **nome,** estaremos utilizando o parâmetro que foi passado no método construtor.

O método toString() é bastante utilizado em programação, sua principal função é o retorno de uma determinada **String**. Um detalhe é que **String** é uma classe e caso seja necessário receber informações dessa classe, esse método permite o retorno das informações dela mesma. Seguindo o raciocínio desse método, pode-se observar o exemplo a seguir considerando que o conteúdo de um objeto da classe **Pessoa** seja acessado pelo método.

C#

```
public String toString()
{
  return nome + ", " + endereco + ", " + telefone;
}
```

Um objeto pode ser instanciado (criado) da seguinte maneira utilizando, para isso, a palavra-reservada **new**:

C#

```
Pessoa pessoa = new Pessoa();
```

Ou

C#

```
Pessoa pessoa =
  new Pessoa("José", "Rua das Flores, 100",
  "11-4524-7445");
```

É importante observar nos exemplos acima que os métodos construtores definem o modo como o objeto será instanciado, ou seja, como o objeto será criado.

Com o intuito de reforçar esses conceitos abordados até este momento, vamos elaborar uma classe que permita representar um produto que, por sua vez, é caracterizado por código, descrição e preço.

C#

```
using System;
using System.Collections.Generic;
using System.Text;

namespace ExemploProduto
{
  class Produto
  {
    private int codigo;
    private string descricao;
    private double preco;

    public Produto()
    {
    }

    public Produto(int codigo, string descricao)
    {
      this.codigo = codigo;
      this.descricao = descricao;
    }

    public Produto(int codigo, string descricao,
```

```
      double preco)
    {
      this.codigo = codigo;
      this.descricao = descricao;
      this.preco = preco;
    }

    public int Codigo
    {
      get { return codigo; }
      set { codigo = value; }
    }

    public string Descricao
    {
      get { return descricao; }
      set { descricao = value; }
    }

    public double Preco
    {
      get { return preco; }
      set { preco = value; }
    }
  }
}
```

A partir da classe Produto, definida acima, vamos utilizá-la no método Main deste próximo exemplo. O objeto p será instanciado e os dados serão inseridos por meio do próprio construtor, por exemplo:

C#

```
using System;
using System.Collections.Generic;
using System.Text;

namespace ExemploProduto
```

```
{
  class Program
  {
    static void Main(string[] args)
    {
      Produto p = new Produto(10, "TV 29 pol.",
        910.00);
      Console.Title = "Exemplo de utilização da classe Produto";
      Console.WriteLine("O produto " + p.Descricao +
        " custa R$ " + p.Preco);
      Console.ReadKey();
    }
  }
}
```

Ao executarmos o exemplo, deverá ser mostrada a janela indicada na Figura 4.14.

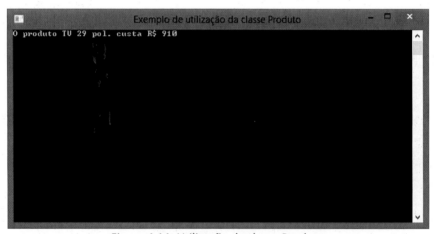

Figura 4.14: Utilização da classe Produto

Por outro lado, existem soluções que necessitam que o usuário informe os valores para os atributos. Neste outro exemplo não existem os estados (valores) dos atributos do objeto no momento em que ele é instanciado, ou seja, o objeto p é criado por meio de um método construtor "vazio". Em seguida, utilizaremos por intermédio dos setters o método **ReadLine** da classe **Console** que irá permitir ao usuário digitar os valores desejados para os atributos código, descrição e preço.

C#

```csharp
using System;
using System.Collections.Generic;
using System.Text;

namespace ExemploProduto
{
    class Program
    {
        static void Main(string[] args)
        {
            Produto p = new Produto();
            Console.Title = "Exemplo de utilização da classe Produto";
            Console.Write("Código: ");
            p.Codigo = Convert.ToInt32(Console.ReadLine());
            Console.Write("Descrição: ");
            p.Descricao = Console.ReadLine();
            Console.Write("Preço: ");
            p.Preco = Convert.ToDouble(Console.ReadLine());
            Console.WriteLine("\nO produto " + p.Descricao +
              " custa R$ " + p.Preco);
            Console.ReadKey();
        }
    }
}
```

4.10. Coleções

O conceito de vetores e matrizes também pode ser aplicado a classes, ou seja, é possível criar um vetor (ou matriz) de objetos, dessa forma, considerando a classe Produto desenvolvida anteriormente, temos:

C#

```csharp
using System;
using System.Collections.Generic;
using System.Text;

namespace ExemploColecao
{
  class Program
  {
    static void Main(string[] args)
    {
      Produto[] p = new Produto[3];
      Console.Title = "Cadastro de produtos";
      for (int i = 0; i < 3; i++)
      {
        p[i] = new Produto();
        Console.Write("Código: ");
        p[i].Codigo =
          Convert.ToInt32(Console.ReadLine());
        Console.Write("Descrição: ");
        p[i].Descricao = Console.ReadLine();
        Console.Write("Preço: ");
        p[i].Preco =
          Convert.ToDouble(Console.ReadLine());
      }
    }
  }
}
```

Nesse caso é importante salientar que o vetor (ou matriz) deve ser declarado, observe a instrução **Produto[] p = new Produto[3];** ela irá declarar o vetor "p" com tamanho 3, ou seja, podemos armazenar até 3 objetos da classe produto neste vetor. Em seguida, cada objeto que compõe a estrutura deverá ser instanciado individualmente, no exemplo acima a linha **p[i] = new Produto();** irá criar um objeto a partir da classe Produto e armazená-lo no índice "i" do vetor "p".

A instrução **foreach** é destinada a percorrer sequencialmente e recuperar os objetos contidos em um vetor. Nessa situação, é uma alternativa mais eficiente que o uso de outras estruturas de repetição como o for ou while, pois, com o foreach não é necessário conhecer a quantidade de elementos que estão na estrutura. No próximo exemplo utilizaremos o **foreach** para percorrer e exibir a descrição e preço armazenados nos objetos do vetor criado anteriormente.

C#

```
using System;
using System.Collections.Generic;
using System.Text;

namespace ExemploColecao
{
  class Program
  {
    static void Main(string[] args)
    {
      Produto[] p = new Produto[3];
      Console.Title = "Cadastro de produtos";
      for (int i = 0; i < 3; i++)
      {
        p[i] = new Produto();
        Console.Write("Código: ");
        p[i].Codigo =
          Convert.ToInt32(Console.ReadLine());
        Console.Write("Descrição: ");
```

```
            p[i].Descricao = Console.ReadLine();
            Console.Write("Preço: ");
            p[i].Preco =
               Convert.ToDouble(Console.ReadLine());
         }

         // Exibição dos dados inseridos no vetor
         Console.WriteLine("\n{0, -15}{1, 10}",
            "Descrição", "Preço");
         Console.WriteLine("--------------- ----------");
         foreach (Produto item in p)
         {
            Console.WriteLine("{0, -15}{1, 10}",
               item.Descricao,
               item.Preco.ToString("##0.00"));
         }
         Console.ReadKey();
      }
   }
}
```

Exercícios

Utilizando C#, desenvolver as soluções para os problemas a seguir.

1) A partir da classe **Pessoa** definida anteriormente, criar uma aplicação chamada **Agenda** e fundamentada no conceito de vetor, que permita o cadastro de, no máximo, 100 pessoas.

2) A partir da aplicação **Agenda**, elaborar um método para exibir apenas os elementos cadastrados no vetor no qual o nome inicia-se com a letra 'R';

3) A partir do programa **Agenda**, criado anteriormente, e considerando o atributo endereço, procurar e exibir o nome das pessoas que moram em Jundiaí.

4) Alterar o programa de **Agenda**, desenvolvido anteriormente, de modo a acrescentar o atributo DDD, levando em conta também o cadastro de, no máximo, 100 pessoas:

Nome	Endereço	DDD	Telefone
João	Rua das Flores, 100	11	3453-3455
Maria	Av. das Acácias, 123	19	3223-2545
Ana	Rua das Rosas, 48	11	45222300
José	Rua das Orquídeas, 26	15	45343422
Cristina	Av. das Margaridas, 1.100	11	4523-2323

5) Utilizando a **Agenda**, elaborar uma rotina que a partir de um nome digitado pelo usuário mostre o DDD e o telefone da pessoa;

6) Utilizando a **Agenda**, desenvolvida anteriormente, escrever uma rotina que mostre quantidade de pessoas cadastradas na agenda que possuem o DDD igual a 11.

7) Definir um programa que permita armazenar o nome e as notas de alunos de uma determinada turma com 10 alunos, na qual, cada aluno possui duas notas. Em seguida, o programa deverá calcular e exibir o nome, a média final de cada um dos alunos indicando, caso a média seja menor que 6,0 (seis), que o aluno está reprovado, caso contrário, deveremos mostrar como aprovado.

8) Considerando o exemplo de coleção, desenvolvido anteriormente, elaborar um método que exiba o nome dos produtos com preço superior a R$ 500,00.

9) Considerando o exemplo de coleção, desenvolvido anteriormente, elaborar um método que exiba o nome do produto mais caro.

10) Criar um programa que a partir de uma relação de 100 veículos contendo modelo, ano de fabricação e cor, exiba quantos são da cor azul.

4.11. Modularização de Programas em C#

Conforme já exposto anteriormente, na medida em que os programas vão se tornando mais complexos torna-se necessário estruturar o código em partes menores com funcionalidades específicas. Assim, podemos utilizar os conceitos de classes e métodos, já abordados previamente, para modularizar uma solução desenvolvida em C#.

Adotaremos, como exemplo, uma aplicação que implemente uma calculadora simples, na qual o usuário irá escolher qual das quatro operações aritméticas básicas será realizada. Em seguida, o programa realizará a leitura de dois números **double** e exibirá o resultado da operação escolhida.

Inicialmente vamos criar uma classe chamada **Operacao** e que irá conter os métodos que implementam as quatro operações aritméticas. Por hora, apenas o método **Somar** será desenvolvido, conforme podemos ver no código-fonte a seguir.

C#

```csharp
using System;
using System.Collections.Generic;
using System.Text;

namespace CalculadoraSimples
{
   class Operacao
   {
      public double Somar(double numero1, double numero2)
      {
         return (numero1 + numero2);
      }
   }
}
```

Na classe principal do programa o método **Main** será implementado conforme mostrado no código-fonte a seguir. Nesse método o usuário irá digitar os dois valores numéricos e a operação desejada. Com base na operação, o respectivo método será executado e o resultado será exibido. Após mostrar o resultado, será exibida uma pergunta para o usuário, com base na resposta digitada, o programa deverá ser encerrado ou não.

C#

```csharp
using System;
using System.Collections.Generic;
using System.Text;

namespace CalculadoraSimples
{
  class Program
  {
    static void Main(string[] args)
    {
      double valor1, valor2, resultado = 0.0f;
      string opcao, fim;
      Operacao operacao = new Operacao();
      Console.Title = "Calculadora Simples";
      do
      {
        Console.Write("Valor 1: ");
        valor1 = Convert.ToDouble(Console.ReadLine());
        Console.Write("Valor 2: ");
        valor2 = Convert.ToDouble(Console.ReadLine());
        Console.Write("Opção desejada (+-*/): ");
        opcao = Console.ReadLine();

        if (opcao.Equals("+"))
        {
          resultado = operacao.Somar(valor1, valor2);
          Console.WriteLine("A soma é " + resultado);
```

```
        }
        Console.Write("Encerrar o programa (S/N)? ");
        fim = Console.ReadLine();
    } while (!fim.Equals("s"));
   }
  }
}
```

Exercícios

Desenvolver, utilizando a linguagem de programação C#, as soluções para os seguintes problemas:

1) Termine o exemplo da calculadora simples, desenvolvendo os métodos que faltam: Subtrair, Multiplicar e Dividir.

2) Acrescentar ao exemplo da calculadora simples um método para calcular o quadrado de um número real digitado pelo usuário.

3) Considerando o problema de conversão de temperatura, já apresentando anteriormente, resolvê-lo aplicando o conceito de modularização. A partir de uma temperatura e opção de conversão fornecidas pelo usuário, realize conversão entre temperaturas conforme ilustrado pela tabela a seguir. Após cada conversão, o programa deverá perguntar se o usuário deseja realizar uma nova conversão. Quando o usuário digitar "sim", uma nova temperatura e a opção de conversão deverão ser solicitadas, caso contrário, o programa deverá ser encerrado.

De	Para	Fórmula
Celsius	Fahrenheit	°F = °C × 1,8 + 32
Fahrenheit	Celsius	°C = (°F − 32) / 1,8
Celsius	Kelvin	K = °C + 273,15
Kelvin	Celsius	°C = K − 273,15
Fahrenheit	Kelvin	K = (°F + 459,67) / 1,8
Kelvin	Fahrenheit	°F = K × 1,8 − 459,67

Capítulo 5
A Linguagem de Programação Python

5.1. Visão Geral

A linguagem de programação Python é bastante poderosa, seu principal atrativo é possuir uma estrutura sintática bastante simples, além de suportar a orientação a objetos. Esse conjunto de fatores a tornam ideal para ser aprendida, como primeira linguagem de programação, por pessoas que estão iniciando os seus estudos em algoritmos e linguagens de programação.

5.2. Ambiente de Desenvolvimento

Para o desenvolvimento de programas em Python existem diversas opções. Nesta obra, abordaremos a utilização do NetBeans e do IDLE (Python GUI) que é o ambiente que vem junto com a distribuição da linguagem Python.

Os programas em Python, que serão desenvolvidos neste capítulo, podem ser executados em qualquer um desses dois ambientes, dessa forma, é necessário que você escolha e instale apenas um deles.

5.3. Utilização do NetBeans

O NetBeans é uma opção de ambiente para desenvolvimento de programas em várias linguagens de programação, é multiplataforma e apresenta distribuição gratuita. O NetBeans está disponível para download no endereço http://www.netbeans.org.

296 Aprenda Lógica de Programação e Algoritmos

O módulo para desenvolvimento e execução de programas em Python no NetBeans, não faz parte da distribuição padrão do NetBeans e deve ser instalado posteriormente como um plugin, conforme detalharemos a seguir.

Inicialmente instale a distribuição da linguagem Python disponível em http://www.python.org/. Em seguida, execute o NetBeans, selecione no menu Ferramentas o item Plugin, neste momento deverá ser exibida uma janela similar à Figura 5.1.

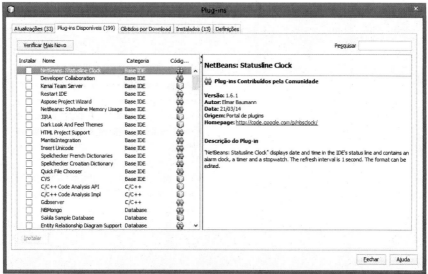

Figura 5.1: Janela de Plugins

Após isso, na janela que foi aberta (Figura 5.2), preencha o campo Nome com Python plugin e a URL com o endereço:

http://deadlock.netbeans.org/hudson/job/nbms-and-javadoc/lastStableBuild/artifact/nbbuild/nbms/updates.xml.gz.

Ao final, pressione o botão OK.

Capítulo 5 - A Linguagem de Programação Python 297

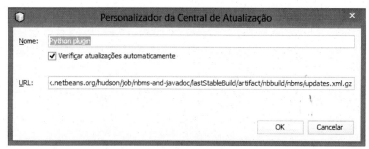

Figura 5.2: Janela do Personalizador da Central de Atualização

Selecione a aba Plugins Disponíveis, selecione a opção Python e pressione o botão Instalar.

Como Python é uma linguagem interpretada, ela pode ser utilizada de duas maneiras, a primeira é diretamente por meio de um console (shell) no qual é possível enviar os comandos da linguagem sem necessariamente ter que montar um programa. A segunda maneira consiste em escrever um programa e submetê-lo ao interpretador.

Agora vamos ilustrar a primeira maneira, isto é, pelo envio de comandos diretamente ao console. Conforme mostrado na Figura 5.3, a seguir, inicialmente devemos ativar o console pelo menu Janela e, em seguida, utilizando a opção PythonConsole.

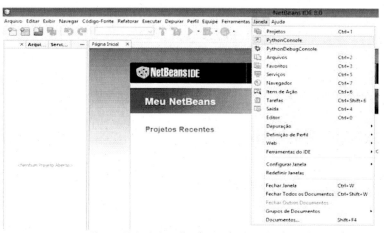

Figura 5.3: Ativação do PythonConsole

298 Aprenda Lógica de Programação e Algoritmos

Neste exemplo vamos apenas usar o comando **print** para exibir uma mensagem, então, no prompt do console, que é indicado por >>>, digite a instrução a seguir.

🐍 python
```
print ("Olá Pessoal!")
```

Após pressionar a tecla Enter, o comando será interpretado e o resultado deverá ser similar ao mostrado na Figura 5.4 a seguir.

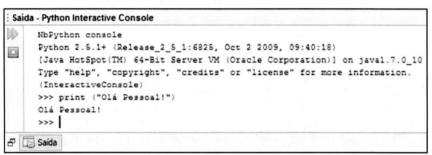

Figura 5.4: Execução de instruções diretamente no PythonConsole

Você também pode enviar diretamente expressões aritméticas para o console, por exemplo, digite no prompt:

🐍 python
```
(50 + 4) / 2
```

Pressione Enter e você irá obter o resultado da resolução da expressão que, neste exemplo, deverá ser 27 (Figura 5.5).

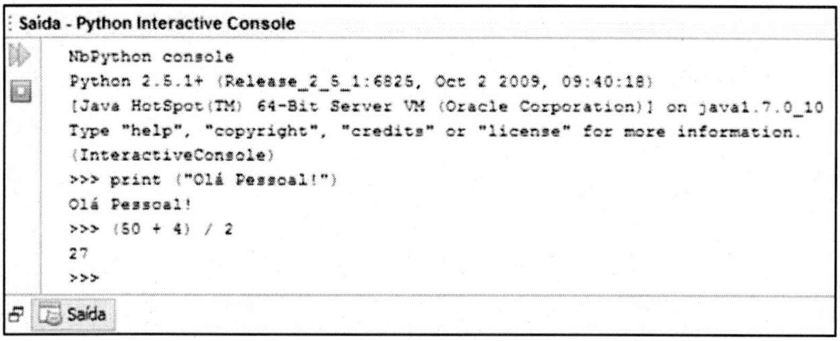

Capítulo 5 - A Linguagem de Programação Python 299

```
Saída - Python Interactive Console
NbPython console
Python 2.5.1+ (Release_2_5_1:6825, Oct 2 2009, 09:40:18)
[Java HotSpot(TM) 64-Bit Server VM (Oracle Corporation)] on java1.7.0_10
Type "help", "copyright", "credits" or "license" for more information.
(InteractiveConsole)
>>> print ("Olá Pessoal!")
Olá Pessoal!
>>> (50 + 4) / 2
27
>>>
```

Figura 5.5: Resolução de uma expressão

O console é bastante útil quando precisamos verificar o funcionamento de uma instrução ou mesmo para avaliar rapidamente o resultado de uma expressão (ou equação). Porém, não é prático quando precisamos escrever um programa que, em uma visão bastante simplista, pode ser considerado um conjunto de instruções a serem executadas.

Neste próximo exemplo, vamos mostrar como criar um programa, por meio de um projeto no NetBeans. No menu, escolha a opção Arquivo e depois Novo projeto. Deverá ser aberta uma janela similar à janela mostrada na Figura 5.6 a seguir.

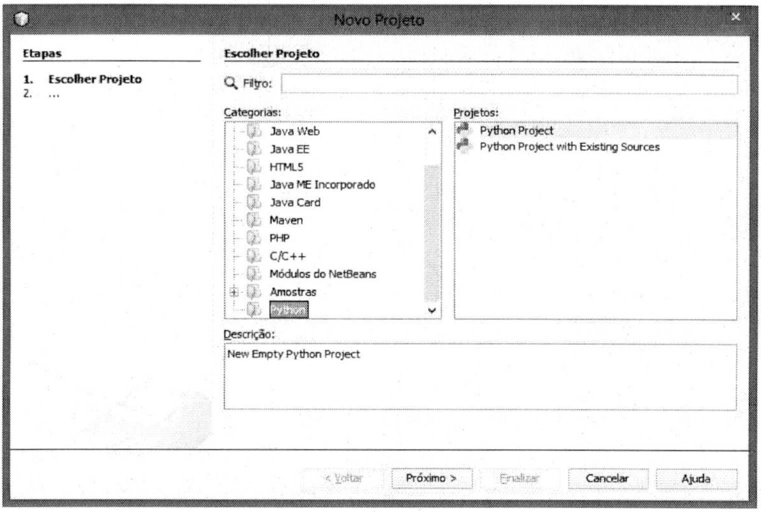

Figura 5.6: Novo projeto em Python

Selecione agora a categoria Python, o modelo de projeto Python Project e pressione o botão Próximo. Na janela seguinte (Figura 5.7,) especifique um nome para o projeto, por exemplo, OlaPython. Também, nessa mesma janela, devemos definir a plataforma Python que será utilizada, escolha a distribuição oficial, ou seja, Python ao invés da Jython. Concluindo a criação do projeto, pressione o botão Finalizar.

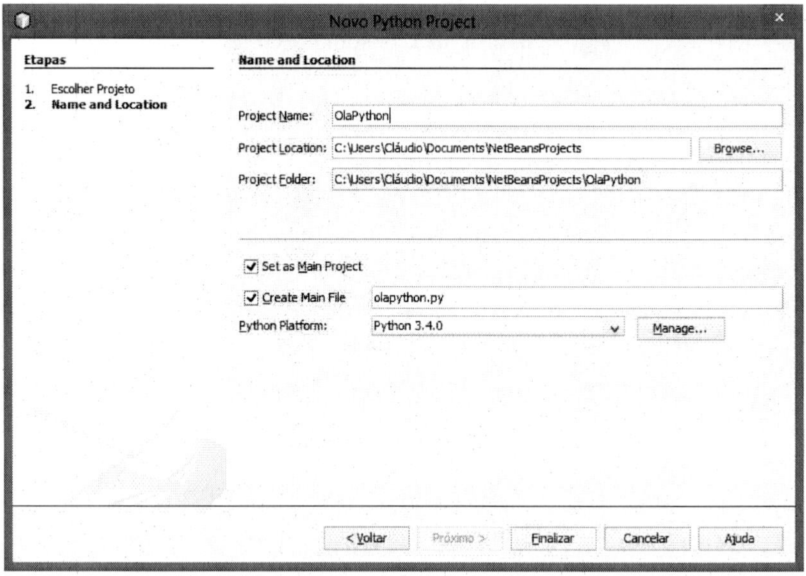

Figura 5.7: Definição do nome do projeto

Do mesmo modo que realizamos no console, vamos apenas usar o comando **print** para exibir uma mensagem, dessa forma, apague todo o conteúdo que está na janela do editor e digite a instrução a seguir.

```
print ("Ola Pessoal!")
```

Para observar o funcionamento do programa que foi criado, selecione a opção Executar do menu e depois selecione o item Executar Projeto Principal. O resultado da aplicação (F6) será exibido na janela posicionada na parte inferior do NetBeans, conforme ilustra a Figura 5.8.

Figura 5.8: Janela com o resultado da execução da aplicação

Observe que se você tentou colocar algum caractere acentuado, no exemplo acima, deve ter percebido um erro de execução do programa. Isso ocorre porque o interpretador Python, no NetBeans, exige que, para suportar os caracteres da língua portuguesa, você coloque na primeira linha do programa uma diretiva chamada **coding**, conforme podemos observar no código-fonte a seguir. Também é importante salientar que o valor atribuído à diretiva, ou seja, **iso-8859-1**, apresenta os caracteres e símbolos da língua portuguesa.

```
#coding=iso-8859-1

print ("Olá Pessoal!")
```

5.4. Utilização do IDLE (Python GUI)

O IDLE é o ambiente de desenvolvimento que é fornecido junto com a distribuição da Linguagem Python, é multiplataforma e pode ser obtido gratuitamente em http://www.python.org/.

Conforme já abordamos anteriormente, como Python é uma linguagem interpretada, ela pode ser utilizada de duas maneiras, a primeira é diretamente por um Console no qual é possível enviar os comandos da linguagem sem necessariamente ter que montar um programa. A segunda maneira consiste em escrever um programa e submetê-lo ao interpretador.

Agora ilustraremos a primeira maneira, isto é, pelo envio de comandos diretamente ao console. Inicialmente localize o programa IDLE (Python GUI) em seu computador e o execute, será aberto o shell, ou seja, o interpretador da linguagem, conforme mostrado na Figura 5.9 a seguir.

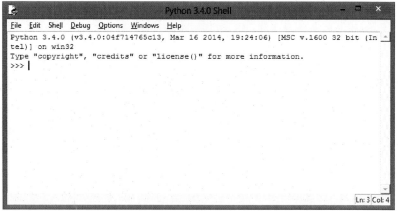

Figura 5.9: Janela principal do IDLE (Python GUI)

Neste exemplo vamos apenas usar o comando **print** para exibir uma mensagem, dessa forma, no prompt do console, que é indicado por >>>, digite a instrução a seguir.

Capítulo 5 - A Linguagem de Programação Python 303

```
print ("Olá Pessoal!")
```

Após pressionar a tecla Enter, o comando será interpretado e o resultado deverá ser similar ao mostrado na Figura 5.10 a seguir.

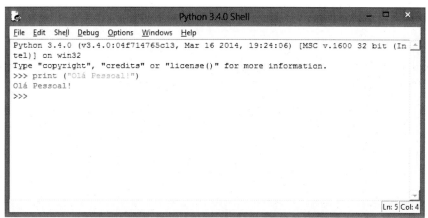

Figura 5.10: Execução em modo interativo

Também é possível enviar diretamente expressões aritméticas para o console, por exemplo, digite no prompt:

```
(50 + 4) / 2
```

Pressione Enter e você irá obter o resultado da expressão que, neste exemplo, deverá ser 27 (Figura 5.11).

304 Aprenda Lógica de Programação e Algoritmos

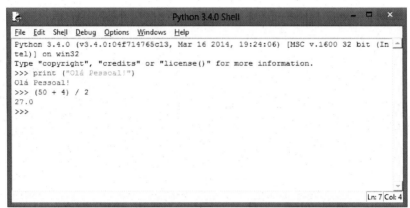

Figura 5.11: Resolução de uma expressão

O console é bastante útil quando precisamos verificar o funcionamento de uma instrução ou mesmo para avaliar rapidamente o resultado de uma expressão (ou equação). Porém, não é prática quando precisamos escrever um programa. Neste outro exemplo mostraremos como criar um programa utilizando o IDLE. Escolha no menu File o item New File (Ctrl-N), a tela do editor de programas será exibida, então, digite o comando a seguir.

print ("Olá Pessoal!")

Na Figura 5.12 a seguir podemos observar a tela do editor de programas após a digitação do comando. Agora grave o programa por meio da opção File, Save (Ctrl-S).

Capítulo 5 - A Linguagem de Programação Python 305

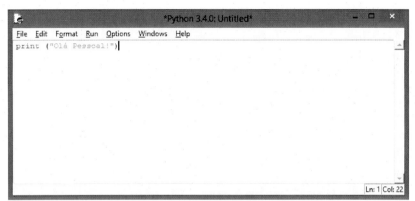

Figura 5.12: Editor de programas

Nesse momento já é possível executar o programa que foi criado. Para isso escolha a opção Run e depois Run Module (F5), o resultado será mostrado na janela do Shell, conforme podemos observar na Figura 5.13, a seguir.

Figura 5.13: Resultado da execução do programa

Também é importante salientar que o uso da diretiva **coding**, que permite o suporte aos caracteres da língua portuguesa, é opcional no IDLE e sua utilização (ou não) não irá interferir nos exemplos que serão desenvolvidos nesta obra, ou seja, o código-fonte a seguir irá apresentar exatamente o mesmo resultado quando comparado ao programa que acabamos de desenvolver e que possui apenas o comando **print**.

```
#coding=iso-8859-1

print ("Olá Pessoal!")
```

5.5. Tipos de Dados em Python

Na tabela a seguir podemos visualizar os principais tipos de dados utilizados na linguagem Python.

Tipo de dado	Descrição	Exemplo
str	Cadeia de caracteres (string)	"Maria" ou 'Maria'
list	Lista	[4.0, 6.0, 7.0]
int	Número inteiro	4256
float	Ponto flutuante	3.1415927
bool	Booleano	True ou False

Em Python, uma variável, atributo ou até mesmo o valor de retorno de um método, não precisa ser previamente declarado. Conforme o valor atribuído, a variável assume o tipo de dados necessário para armazenar devidamente o conteúdo. Dessa forma, para armazenar um determinado valor inteiro em uma variável, devemos simplesmente escrever:

python
```
x = 10
```

A linguagem Python também permite múltiplas atribuições, por exemplo:

python
```
x, y = 10, 20
```

Nesse caso, a variável x receberá o valor 10 enquanto y receberá o valor 20. Caso desejarmos atribuir diversas variáveis com um mesmo valor, podemos especificar:

python
```
x = y = 10
```

Observe, no trecho de programa acima, que nessa situação teremos as duas variáveis recebendo o valor 10.

5.6. Operadores

A seguir temos a simbologia para os principais operadores de atribuição, aritméticos, relacionais e lógicos adotados em Python.

Operador	Representação Simbólica	Operador	Representação Simbólica
Atribuição	=	Igual a	==
Adição	+	Diferente de	!=
Subtração	-	Maior	>
Multiplicação	*	Maior ou igual	>=
Divisão	/	Menor	<
Resto	%	Menor ou igual	<=
Exponenciação	**	E (And)	and
Incremento	++	Ou (Or)	or
Decremento	--	Não (Not)	not

5.7. Entrada e Saída de Dados

A entrada dos dados pode ser realizada pela instrução **input**. Essa instrução sempre irá obter uma cadeia de caracteres (string) digitada pelo usuário, dessa maneira, quando necessário, devemos utilizar as funções **int** ou **float** para realizar a conversão para o tipo de dados desejado.

No código-fonte a seguir temos um exemplo da entrada de dados para obtermos o nome e o ano de nascimento de uma pessoa. Observe que, após a digitação, o ano de nascimento é convertido pela função **int**.

```python
#coding=iso-8859-1

nome = input("Digite o seu nome: ")
anoNasc = int(input("Digite o ano de nascimento: "))
idade = 2015 - anoNasc
print (nome, "a sua idade é", idade, "anos")
```

A exibição dos dados no console é realizada por meio da instrução **print**, já usada anteriormente, visto que os diversos valores a serem exibidos deverão estar separados por vírgula.

Uma alteração simples que podemos realizar nesse programa consiste em obter automaticamente o ano a partir do relógio do computador, para isso o módulo **time** deverá ser importado. Em seguida, a função **strftime** será utilizada para obtermos uma string contendo o ano (**%Y**), a qual será convertida para inteiro e armazenada na variável anoAtual, conforme podemos observar no código-fonte a seguir.

```
#coding=iso-8859-1

import time

nome = input("Digite o seu nome: ")
anoNasc = int(input("Digite o ano de nascimento: "))
anoAtual = int(time.strftime("%Y"))
idade = anoAtual - anoNasc
print (nome, "a sua idade é", idade, "anos")
```

Exercícios

Desenvolva, utilizando a Linguagem de Programação Python, a solução para os problemas a seguir:

1) Criar uma aplicação que receba por digitação o nome e o sobrenome e, em seguida, realize a exibição da seguinte maneira: sobrenome, nome.

2) Elaborar um programa que realize a multiplicação de dois valores numéricos do tipo de dado real digitados pelo usuário e, depois, exiba o valor calculado.

3) Escrever uma aplicação que receba quatro números inteiros digitados pelo usuário e, em seguida, calcule e exiba o valor da soma desses números.

4) Criar uma aplicação que receba três números reais digitados pelo usuário e, em seguida, calcule e exiba o valor da média.

5) Uma determinada loja precisa calcular o preço de venda de um produto. O cálculo deverá ser efetuado pela multiplicação do preço unitário pela quantidade vendida e, posteriormente, subtrair o valor do desconto. Considerar todas as variáveis do tipo de dado real e que as mesmas serão digitadas pelo usuário.

6) Calcular a média final de um aluno considerando que ele realizará duas provas (P1 e P2), visto que a P1 deverá ter peso 4 e a P2 peso 6. Adotar que as notas são do tipo de dado real e que elas serão fornecidas pelo usuário.

7) A Lei de Ohm define que a resistência (R) de um condutor é obtida por meio da divisão da tensão aplicada (V) dividida pela intensidade de corrente elétrica (A). Dessa forma, a partir de uma tensão e corrente, digitadas pelo usuário, calcule e mostre o valor da resistência.

8) Adotando como referência o exercício 7, calcule e exiba a intensidade da corrente elétrica (A) a partir da tensão (V) e resistência (R) que o usuário irá fornecer ao programa.

9) A potência (P) consumida por determinado aparelho eletroeletrônico é definida pela tensão (V) multiplicada pela corrente (A). Elaborar um programa que, a partir da tensão e corrente fornecidas pelo usuário, calcule e mostre na tela a potência.

10) Considerando o exercício 9 calcule e exiba a corrente (A) que circula por determinado aparelho eletroeletrônico a partir da potência (P) e tensão (V) digitadas pelo usuário.

5.8. Estrutura de Seleção em Python

As estruturas de controle permitem determinar a execução ou não de determinado bloco de código. Também são responsáveis pela possibilidade de repetição de um bloco de código. A estrutura **if else** é utilizada para realizar a execução condicional de um determinado bloco de código, no próximo exemplo essa estrutura será utilizada para determinar se um número é maior que zero. Observe que a instrução **else** é opcional e, para esse caso, não foi utilizada.

python
```
#coding=iso-8859-1

numero = int(input("Digite um número: "))
if numero > 0:
    print ("O numero é maior que zero.")
```

A partir do exemplo do cálculo de idade, desenvolvido anteriormente, vamos utilizar uma estrutura de seleção para adicionar a informação se a pessoa é maior ou menor de idade, por exemplo:

python
```
#coding=iso-8859-1

import time

nome = input("Digite o seu nome: ")
anoNasc = int(input("Digite o ano de nascimento: "))
anoAtual = int(time.strftime("%Y"))
idade = anoAtual - anoNasc
maioridade = ""
if idade < 18:
```

```
    maioridade = "menor"
else:
    maioridade = "maior"
print (nome, "a sua idade é", idade, "anos e você é",
maioridade, "de idade")
```

Também é possível a realização da verificação de várias condições pela instrução **elif**, que pode ser intercalada dentro de um bloco **if else**. Para ilustrar esse conceito, imagine uma situação hipotética em que você precisa escrever uma aplicação que escreva o valor por extenso dos números inteiros 1, 2 ou 3.

python

```
#coding=iso-8859-1

numero = int(input("Digite um número entre 1 e 3: "))
if numero == 1:
  print ("Um")
elif numero == 2:
  print ("Dois")
elif numero == 3:
  print ("Três")
else:
  print ("Não sei")
```

Observe que, nesse caso, adotando-se como referência um valor 2, digitado pelo usuário e atribuído a variável **numero**, a primeira verificação (**numero == 1**) será falsa, provocando a execução da cláusula **elif** seguinte que irá verificar se **numero == 2**. Agora, o resultado da avaliação da expressão será verdadeiro e o comando **print "Dois"** será executado.

Exercícios

Desenvolver as soluções para os problemas a seguir utilizando Python.

1) Criar um programa que receba quatro números inteiros e exiba o menor deles.

2) Especificar uma aplicação que faça a leitura do nome e ano de nascimento de uma pessoa, calcule sua idade e exiba a idade calculada também indicando se a pessoa é maior ou menor de idade.

3) Escreva um programa que, a partir de um número inteiro digitado pelo usuário, mostre se o número é par ou ímpar.

4) Elaborar uma rotina que, a partir de um número real digitado pelo usuário, mostre o seu valor absoluto.

5) Considerando que a aprovação de um aluno em determinada disciplina requer uma média final maior ou igual a 6,0 (seis), elaborar um programa que receba duas notas, realize o cálculo da média, exiba o valor calculado e também se o aluno está aprovado ou reprovado.

6) Criar um programa que permita ao usuário digitar dois números reais e uma das quatro operações da matemáticas básicas e, em seguida, exiba o resultado do cálculo efetuado. A aplicação também não poderá permitir a tentativa de divisão de um número por zero.

7) A partir de cinco números reais, digitados pelo usuário, exibir o valor da média considerando apenas os números que são maiores que zero e menores do que mil.

8) Para converter a temperatura de graus Celsius para Fahrenheit, utiliza-se a fórmula: F = C × 1,8 + 32. Elaborar uma rotina que realize essa conversão a partir de uma temperatura digitada pelo usuário.

9) Por meio do cálculo do Índice de Massa Corporal (IMC) é possível saber se uma pessoa está acima ou abaixo dos parâmetros ideais de peso em relação a sua altura. Para calcular o IMC é necessário dividir o peso (Kg) de uma pessoa pela sua altura (m) elevada ao quadrado. Elaborar um programa que exiba o valor do IMC de uma pessoa e mostre a sua situação em relação à tabela a seguir:

Valor do IMC	Situação
Abaixo de 18,5	Você está abaixo do peso ideal
Entre 18,5 e 24,9	Parabéns, você está em seu peso normal!
Entre 25,0 e 29,9	Você está acima de seu peso (sobrepeso)
Entre 30,0 e 34,9	Obesidade grau I
Entre 35,0 e 39,9	Obesidade grau II
40,0 e acima	Obesidade grau III

10) Elaborar um programa que realize a resolução de uma equação do 2º grau utilizando, para isso, a Fórmula de Báskara.

$$\Delta = b^2 - 4.a.c$$

$$x = \frac{-b \pm \sqrt{\Delta}}{2.a}$$

11) A partir dos lados de um retângulo ou quadrado, digitados pelo usuário, elaborar uma rotina que calcule e exiba o valor da sua área e informe se o mesmo é um retângulo ou um quadrado. Lembrando que a área é obtida pela multiplicação da base (L) pela altura (A).

12) Considerando a moeda Real, Dólar Americano e Euro, elaborar uma rotina na qual o usuário irá digitar o valor, a respetiva moeda e a moeda para a qual deseja converter o valor. Em seguida, o programa deverá calcular e exibir o valor convertido, por exemplo:

```
Entrada:
Digite a moeda: US$
Digite o valor: 100,00
Digite a moeda para qual deseja realizar a conversão: R$

Saída:
Resultado: R$ 245,00
```

Importante: Obter a cotação das moedas no dia da resolução do exercício.

13) Elaborar um programa que realize a conversão entre metros, pés, polegadas e milhas adotando, como referência, que 1 polegada = 25.4 Milímetros, 1 pé = 30.48 Centímetros e 1 Milha = 1609.344 metros.

14) A partir de um valor digitado pelo usuário e o respectivo prefixo, mostrar a representação do valor nos demais prefixos, por exemplo:

```
Entrada:
Digite o valor: 10.000
Digite o prefixo: M

Saída:
10.000.000 k
10 G
0,01 T
```

Adotar, como referência a tabela mostrada a seguir:

Prefixo	Valor (Decimal)
k (kilo)	10^3 (1000)
M (mega)	10^6 (1,000,000)
G (Giga)	10^9 (1,000,000,000)
T (Tera)	10^{12} (1,000,000,000,000)

15) Utilizando a mesma tabela do exercício anterior, elaborar uma rotina na qual o usuário irá digitar o valor, o respetivo prefixo e o prefixo para o qual deseja representar o valor. Em seguida, o programa deverá exibir a representação do valor, por exemplo:

```
Entrada:
Digite o valor: 1.000.000
Digite o prefixo: M
Digite o prefixo que deseja visualizar: T

Saída:
Resultado: 1 T
```

16) A partir de cinco números inteiros, digitados pelo usuário, determinar e exibir a quantidade de números que são pares.

17) Considerando três números inteiros, fornecidos pelo usuário, exibi-los em ordem crescente.

18) Elaborar uma rotina que, a partir de quatro números inteiros que deverão ser digitados pelo usuário, determine e mostre o maior número par.

19) A partir de quatro números inteiros, inseridos pelo usuário, exibir a quantidade de números que são múltiplos de 5, maiores ou iguais a 100 e menores do que 200.

20) Considerando três nomes, digitados pelo usuário, exibi-los em ordem alfabética.

21) Elaborar uma rotina que determine e mostre a diferença entre o maior e o menor valor dentre quatro números reais fornecidos pelo usuário.

22) Desenvolver uma rotina que a partir de 5 letras digitadas pelo usuário, determine e mostre a quantidade de vogais.

23) A área de um triângulo (A) é definida pela metade do produto da altura (H) pela respectiva base (B). Escrever um programa que, a partir dos valores da altura e base, que deverão ser valores reais e maiores que zero digitados pelo usuário, realize o cálculo e exiba o valor da área.

24) O IPVA de um veículo é calculado tomando como base o valor do veículo, o combustível utilizado e o tipo do veículo que serão fornecidos pelo usuário. Em seguida, o IPVA será calculado como 4% do valor do veículo, no caso de automóveis movidos a gasolina ou flex. Já para carros movidos somente a etanol, eletricidade ou gás ou qualquer desses três combustíveis combinados, a alíquota é de 3%. Para motos, camionetes cabine simples e ônibus ou micro-ônibus a alíquota é de 2% e para caminhões, de 1,5%. Elaborar uma rotina que, a partir destas informações, calcule o mostre o valor do IPVA.

25) Elaborar um programa que calcule e exiba o comprimento de uma circunferência, a partir de um raio (R), digitado pelo usuário e que deverá ser um número real positivo. O comprimento é obtido pela fórmula: 2 x π x R.

26) Desenvolver um programa para uma loja que precisa determinar o preço final de uma compra, a partir dos seguintes dados fornecidos pelo usuário: código, descrição, peso, quantidade e preço. Em seguida, para determinar o preço final, devem-se utilizar os seguintes critérios para cálculo:

a) O preço total (bruto) é obtido multiplicando o preço unitário com a quantidade;

b) O valor do imposto será obtido por meio das seguintes faixas:

Preço total (bruto)	Valor do Imposto
< R$ 500,00	5,0% do preço total (bruto)
>= R$ 500,00 e < R$ 1.500,00	7,5% do preço total (bruto)
>= R$ 1.500,00	10,0% do preço total (bruto)

c) Quando o peso total do produto (peso x quantidade) for maior que 10kg acrescentar R$ 50,00 de custo de frete, caso contrário, o frete será gratuito;

d) O preço final será obtido somando o preço total (bruto) com o valor do imposto e o custo do frete.

27) A partir do salário e categoria, digitados pelos usuário, calcular o reajuste de salário de determinado funcionário baseando-se na tabela mostrada a seguir, visto que o programa deverá aceitar tanto letras maiúsculas como minúsculas para determinar a categoria do funcionário.

Reajuste	Categoria
10%	A, C
15%	B, D, E
25%	F, L
35%	G, H
50%	I, J

5.9. Estrutura de Repetição em Python

A estrutura **while** possibilita realizar a repetição de um bloco de comandos até que a expressão lógica fornecida como condição seja avaliada como falsa, neste momento o **while** é encerrado e a execução do programa prossegue na primeira linha de código que possua a mesma identação que comando o **while**.

Com o intuito de ilustrar o uso da estrutura **while** vamos elaborar um programa que permite a exibição dos números inteiros entre 1 e 10:

```
#coding=iso-8859-1

x = 1
while x <= 10:
    print (x)
    x = x + 1
```

Observe que o bloco de comandos irá se repetir enquanto a variável **i** for menor ou igual a 10. A variável **x** irá ser incrementada até atingir o valor 11. Neste momento, a condição torna-se falsa, ou seja, a repetição é encerrada.

Exercícios

Utilizando Python, desenvolver as soluções dos problemas a seguir.

1) Escreva um programa que realize a exibição dos números inteiros pares entre 0 e 100.

2) Escreva um programa que realize a exibição, em ordem decrescente, dos números inteiros entre 0 e 200 e que também sejam múltiplos de 5.

3) Elaborar um programa que exiba os números inteiros contidos em um intervalo digitado pelo usuário.

4) Considerando uma moeda lançada 10 vezes, criar uma aplicação que determine o número de ocorrências de cada um dos lados.

5) Escrever um programa que mostre os números ímpares entre 101 e 121.

6) Elaborar uma rotina que mostre a tabuada de um determinado número inteiro entre 1 e 10, fornecido pelo usuário.

7) A partir de dois números inteiros digitados pelo usuário, escrever uma rotina que mostre a média dos valores inteiros contidos no intervalo entre esses dois números.

8) Considerando 10 números reais digitados pelo usuário, exibir o menor deles.

9) Considerando 15 números inteiros digitados pelo usuário, exibir o maior deles.

10) Considerando 10 números reais digitados pelo usuário, exibir o valor da diferença entre o maior e o menor deles.

11) Determinada loja precisa digitar o nome e o preço dos seus produtos. Após cada produto digitado, deverá ser realizada uma pergunta se deseja digitar outro produto. Caso o usuário responda "sim", um novo produto será digitado, caso contrário, o programa deverá, antes de encerrar, exibir o nome do produto mais caro.

12) Obter, por meio de digitação, 10 números divisíveis por 3, calcular a soma entre eles e mostrar o resultado.

13) Considerando seis números inteiros representando dois intervalos de tempo (horas, minutos e segundos), elaborar uma rotina que calcule a diferença de tempo entre os intervalos.

14) A partir de uma temperatura e opção de conversão, fornecidas pelo usuário, realize conversão entre temperaturas conforme ilustrado pela tabela a seguir. Após cada conversão, o programa deverá perguntar se o usuário deseja realizar uma nova conversão. Quando o usuário digitar "sim" uma nova temperatura e opção de conversão deverão ser solicitadas, caso contrário, o programa deverá ser encerrado.

De	Para	Fórmula
Celsius	Fahrenheit	°F = °C × 1,8 + 32
Fahrenheit	Celsius	°C = (°F − 32) / 1,8
Celsius	Kelvin	K = °C + 273,15
Kelvin	Celsius	°C = K − 273,15
Fahrenheit	Kelvin	K = (°F + 459,67) / 1,8
Kelvin	Fahrenheit	°F = K × 1,8 - 459,67

15) Considerando um número inteiro digitado pelo usuário, calcular e exibir o valor da sua fatorial.

16) Escrever um programa que mostre a soma dos números ímpares entre 51 e 91.

17) Desenvolver um programa que mostre a média dos números pares maiores que zero e menores que vinte.

18) Considerando os números entre 40 e 80, elaborar uma rotina que mostre a quantidade de números neste intervalo que são múltiplos de 4.

19) Mostrar a quantidade de números múltiplos de 7 que estão em um intervalo fornecido pelo usuário.

20) Elaborar um programa que calcule e mostre os 6 primeiros números da Sequência de Fibonacci, ou seja, 1, 2, 3, 5, 8 e 13.

21) Criar uma rotina que mostre a somatória dos 10 primeiros valores da Sequência de Fibonacci.

22) Desenvolver um programa que recebe um número inteiro, digitado pelo usuário, e calcule o produto dos números pares de 1 até o número fornecido pelo usuário.

23) Considerando um número inteiro ímpar, digitado pelo usuário, exiba na tela um diamante, por exemplo, se o usuário digitou nove, devemos obter a seguinte saída:

```
    *
   ***
  *****
 *******
*********
 *******
  *****
   ***
    *
```

24) Faça uma rotina que permita calcular o valor da associação em série de três resistores R1, R2 e R3, que serão digitados pelo usuário. O programa ficará solicitando os valores de R1, R2 e R3 e exibindo o resultado até que o usuário digite um valor para R1, R2 ou R3 igual a zero. O valor da associação em série de três resistores será obtido pela fórmula: R = R1 + R2 + R3.

25) Faça uma rotina que permita calcular o valor da associação em paralelo de dois resistores R1 e R2, que serão digitados pelo usuário e consistem em números reais positivos. O programa ficará solicitando os valores de R1 e R2 e exibindo o resultado até que o usuário digite um valor para R1 ou R2 igual a zero. O valor da associação em paralelo de dois resistores será obtido por meio da fórmula: R = R1 x R2 / (R1 + R2).

26) Elabore um programa que determine quantos números são múltiplos de 2 e de 3 no intervalo entre 1 e 100.

27) Desenvolva uma rotina que apresente os valores de conversão de graus Celsius em Fahrenheit, de 10 em 10 graus, iniciando a contagem em 0° Celsius e finalizando em 100° Celsius. A rotina deverá exibir tanto o valor em Celsius quanto em Fahrenheit e a seguinte fórmula deverá ser adotada: °F = °C × 1,8 + 32.

28) Desenvolver uma rotina que a partir de 10 letras digitadas pelo usuário, determine e mostre a quantidade de vogais e também a quantidade de consoantes.

29) Elaborar um programa que apresente a resolução do seguinte problema: "Determinada loja precisa digitar o nome e o preço de 10 produtos. Após a digitação dos 10 produtos, o programa deverá, antes de encerrar, exibir o nome do produto mais caro".

30) Elaborar um programa que imprima a sequência a seguir. Ou seja, para um número inteiro "n", digitado pelo usuário, exibir até a n-ésima linha, por exemplo:
1
2 2
3 3 3
4 4 4 4
...
n n n n n ... n

31) Desenvolver um programa que sorteie um número aleatório entre 0 e 500 e pergunte ao usuário qual é o "número mágico". O programa deverá indicar se a tentativa efetuada pelo usuário é maior ou menor que o número mágico e contar o número de tentativas. O programa apenas deverá encerrar quando o usuário acertar o número. Neste momento, também deverá mostrar uma mensagem, classificando o usuário como:

De 1 a 3 tentativas: muito sortudo;
- De 4 a 6 tentativas: sortudo;
- De 7 a 10 tentativas: normal;
- 10 tentativas: tente novamente.

32) Desenvolver uma rotina que a partir de um caractere e uma determinada quantidade de linhas e colunas, todos fornecidos pelo usuário, realize a repetição do respectivo carectere na quantidade de linhas e colunas que foram digitadas. Por exemplo:
Entrada:
Linhas? 3
Colunas? 5
Caractere? X

Saída:
XXXXX
XXXXX
XXXXX

33) Elaborar um programa que a partir de uma determinada quantidade de linhas e colunas digitadas pelo usuário exiba um retângulo, por exemplo:

```
Entrada:
Linhas? 4
Colunas? 6

Saída:
+----+
|    |
|    |
+----+
```

5.10. Listas

As listas podem ser entendidas como um conjunto de elementos de um mesmo tipo de dado. São equivalentes às representações de vetores adotadas em outras linguagens de programação. Na instrução mostrada a seguir temos a criação de uma lista vazia.

```
L = []
```

Outra possibilidade é realizar a criação da lista com um conjunto de valores pré-definidos, por exemplo:

```
L = [56, 45, 23, 14, 61]
```

Nesse caso estamos declarando uma lista contendo cinco números inteiros. Em uma lista, o primeiro elemento é acessado com o índice recebendo o valor 0 (zero). Desta forma, para acessar um elemento dentro de um vetor devemos referenciar entre colchetes o índice da posição desejada, por exemplo:

```
L = [56, 45, 23, 14, 61]
print L[2]
```

Neste exemplo, será exibido o elemento que se encontra no índice 2 da lista L definida acima, ou seja, o valor 23.

Ilustrando o conceito de lista vamos a seguir criar um programa que a partir de 5 números reais digitados pelo usuário, calcule e exiba o valor da média.

```
#coding=iso-8859-1

numero = [0, 0, 0, 0, 0]
i = 0
soma = 0.0
while i < 5:
   numero[i] = float(input("Digite um número: "))
   soma = soma + numero[i]
   i = i + 1
media = soma / 5
print ("O valor da media é %4.1f" % media)
```

Nesse código-fonte também é importante observar que podemos formatar um valor numérico, por meio de uma máscara aplicada à cadeia de caracteres que será exibida pelo comando **print**. A máscara deve iniciar com o caractere **%** e, em seguida, especificamos a quantidade de dígitos antes e depois do ponto flutuante e encerramos a máscara com o tipo de dado desejado, então o **f** indica um valor real. Note também que após a cadeia de caracteres a ser exibida devemos colocar o operador **%** e a variável que será formatada que, nesse exemplo, é a **media**.

No próximo exemplo sobre listas vamos trabalhar com o conceito de geração de números aleatórios para popular uma lista com uma sequência de dez números inteiros.

python
```
#coding=iso-8859-1

import random

numero = [0, 0, 0, 0, 0, 0, 0, 0, 0, 0]
i = 0
while i < 10:
    numero[i] = random.randint(1, 100)
    print (numero[i])
    i = i + 1
```

Uma matriz deve ser declarada indicando as dimensões desejadas pelo uso de colchetes, por exemplo, a seguir teríamos uma matriz bidimensional 3 x 3, ou seja, 3 linhas por 3 colunas.

python
```
velha = [[' ', ' ', ' '],
         [' ', ' ', ' '],
         [' ', ' ', ' ']]
```

A seguir mostramos um pequeno exemplo que utiliza uma matriz e simula a colocação aleatória das peças do jogo da velha em um tabuleiro.

python

```
#coding=iso-8859-1

import random

velha = [[' ', ' ', ' '],
         [' ', ' ', ' '],
         [' ', ' ', ' ']]
i = 0
while i < 3:
   j = 0
   while j < 3:
      n = random.randint(0, 3)
      if n == 0:
         velha[i][j] = ' '
      elif n == 1:
         velha[i][j] = 'O'
      else:
         velha[i][j] = 'X'
      j += 1
   print (velha[i][0] + " " + velha[i][1] + " " + velha[i][2])
   i += 1
```

Observe que utilizamos a geração dos números aleatórios para obter um número entre 0 e 2 e, em seguida, realizamos a seleção caso o valor seja zero, colocamos um espaço em branco no tabuleiro (matriz), caso seja igual a um, colocamos a peça O e caso contrário inserimos a peça X.

Exercícios

Utilizando Python, elaborar as soluções para os problemas a seguir.

1) Dada uma sequência de 10 números inteiros, imprimi-la na ordem inversa à da leitura.

2) Considerando 5 números reais digitados pelo usuário e armazenados em um vetor, exibir o valor da somatória deles.

3) Deseja-se determinar o número de acertos de um aluno em uma prova em forma de testes. A prova consta de 25 questões, cada uma com alternativas identificadas por A, B, C, D e E. Para determinar os acertos, essa prova deverá ser comparada ao seguinte gabarito: B, C, A, D, B, B, E, C, A, B, D, A, A, A, A, B, D, C, E, E, A, C, E, D, B.

4) Um dado de jogo foi lançado 20 vezes. A partir dos resultados dos lançamentos, determinar o número de ocorrências de cada face.

5) Dados dois vetores A e B, ambos com 5 elementos, determinar o produto desses vetores.

6) Dado um vetor de 10 números inteiros, determinar o número de vezes que cada um deles ocorre. Por exemplo, o vetor = [7, 3, 9, 5, 9, 7, 2, 7, 7, 2], produziria a seguinte saída: 7 ocorre 4 vezes, 3 ocorre 1 vez, 9 ocorre 2 vezes, 5 ocorre 1 vez e 2 ocorre 2 vezes.

7) Em uma classe há 10 alunos, cada um dos quais realizou 3 provas com pesos distintos. A primeira prova possui peso 3, a segunda possui peso 4 e a terceira peso 3. Após o lançamento das notas, calcular a média ponderada para cada um dos alunos.

8) Dada uma sequência de 5 números inteiros digitados pelo usuário, determinar e exibir a média.

9) Dada uma matriz real A[4x3], verificar se existem elementos repetidos em A.

10) Implemente o tradicional jogo da velha a partir de uma matriz 3 por 3. Visto que a matriz deve representar os seguintes valores possíveis: O, X e nulo (vazio).

11) Considerando o vetor A com tamanho 10 e os valores 4, 7, 2, 5; e o vetor B com tamanho 3 e os valores 3, 2, 1, escrever uma função que insira os elementos do vetor B ao final do vetor A.

12) Considerando um vetor contendo, no máximo, 12 números reais digitados pelo usuário, elaborar uma rotina que mostre o maior número armazenado no vetor.

13) Representar em uma matriz e, em seguida, exibir na tela o seguinte estado de um jogo da velha:

O	X	
	O	
X		O

14) Desenvolver um algoritmo que efetue a leitura de dez números inteiros e os armazene no vetor "A". Em seguida o vetor "B", do mesmo tipo de dado, deverá ser carregado observando a seguinte regra: se o valor do índice for par, o valor do elemento deverá ser multiplicado por 5, caso contrário, deverá ser somado com 5. Ao final, o programa deverá mostrar os valores armazenados nos dois vetores.

15) Armazenar em um vetor os primeiros 20 números inteiros positivos que são múltiplos de 5.

16) Considerando um vetor de 500 números inteiros, carregado randomicamente com valores entre 1 e 1000, calcular e exibir o valor da média dos elementos armazenados no vetor.

17) Considerando um vetor de 200 números inteiros, carregado randomicamente com valores entre 1 e 100, exbir apenas o valores armazenados no vetor que sejam múltiplos de 4.

5.11. Classes e Objetos

Adotando os conceitos de orientação a objetos e considerando que precisamos representar uma classe **Pessoa** que possui os atributos nome, endereço e telefone, poderíamos implementar a classe da seguinte maneira:

```python
#coding=iso-8859-1

class Pessoa:
    __nome = ""
    __endereco = ""
    __telefone = ""

    def __init__(self):
        self.nome = ""
        self.endereco = ""
        self.telefone = ""

    def set_nome (self, nome):
        self.nome = nome
```

```
def get_nome(self):
    return (self.nome)

def set_endereco (self, endereco):
    self.endereco = endereco

def get_endereco(self):
    return (self.endereco)

def set_telefone (self, telefone):
    self.telefone = telefone

def get_telefone(self):
    return (self.telefone)
```

Observe na declaração dos atributos que o **encapsulamento** privado é implementado por meio do uso de __ antes do nome de um atributo ou método, caso contrário, o mesmo será tratado como público.

A palavra reservada **self** é utilizada para referenciar um atributo ou método da própria classe, evitando ambiguidade em relação aos parâmetros ou variáveis declaradas dentro de um método da classe. Por exemplo, o construtor da classe Pessoa pode utilizar **self** para diferenciar os atributos dos parâmetros:

🐍 python

```
def __init__(self, nome, endereco, telefone):
    self.nome = nome
    self.endereco = endereco
    self.telefone = telefone
```

Como podemos observar no trecho de programa acima, **self.nome** faz a referência ao atributo nome, enquanto **nome** identifica o parâmetro que foi passado no método construtor. Nesse mesmo exemplo podemos notar que um método construtor da classe deve ser obrigatoriamente definido com **__init__**.

Em Python instanciamos um objeto da classe da seguinte maneira:

🐍 python
```
pessoa = Pessoa()
pessoa.set_nome("José da Silva")
pessoa.set_endereco("Rua das Flores, 100")
pessoa.set_telefone("(11) 4522-5644")
print ("Nome: " + pessoa.get_nome())
print ("Endereço: " + pessoa.get_endereco())
print ("Telefone: " + pessoa.get_telefone())
```

É importante observar no exemplo acima que um método construtor define o modo como o objeto será instanciado, isto é, como o objeto será criado. Também devemos observar o uso dos métodos get e set para cada um dos atributos.

5.12. Coleções

No mundo real, frequentemente torna-se necessário representar e agrupar vários objetos. Por exemplo, os clientes de uma determinada loja são muitos e não apenas um. Nesse contexto, uma coleção pode ser entendida como um conjunto composto por vários objetos do tipo cliente, que compartilham o mesmo conjunto de atributos, porém, esses atributos apresentam estados diferentes.

Da mesma maneira que é possível realizar a criação de listas a partir dos tipos de dados suportados pela linguagem Python, também podemos criar listas a partir de classes. Neste exemplo será utilizada a classe **Pessoa**, já definida anteriormente, sendo importante observar que cada elemento do vetor deverá ser instanciado antes de ser utilizado.

```python
#coding=iso-8859-1

class Pessoa:
    __nome = ""
    __endereco = ""
    __telefone = ""

    def __init__(self):
        self.nome = ""
        self.endereco = ""
        self.telefone = ""

    def set_nome (self, nome):
        self.nome = nome

    def get_nome(self):
        return (self.nome)

    def set_endereco (self, endereco):
        self.endereco = endereco

    def get_endereco(self):
        return (self.endereco)

    def set_telefone (self, telefone):
        self.telefone = telefone

    def get_telefone(self):
        return (self.telefone)

agenda = [Pessoa(), Pessoa(), Pessoa()]
i = 0;
while (i < len(agenda)):
    agenda[i].set_nome(input("Digite o nome: "))
```

```
    agenda[i].set_endereco(input("Digite o endereço: "))
    agenda[i].set_telefone(input("Digite o telefone: "))
    i += 1

i = 0;
while (i < len(agenda)):
    print ("Pessoa %2d:" % (i + 1))
    print ("Nome: " + agenda[i].get_nome())
    print ("Endereço: " + agenda[i].get_endereco())
    print ("Telefone: " + agenda[i].get_telefone())
    i += 1
```

A função **len** pode ser usada para determinarmos o tamanho de uma lista, assim sendo, as estruturas de repetição utilizadas no exemplo poderiam ser escritas do seguinte modo:

python
```
while (i < len(agenda)):
```

A adoção da função **len** permite que a estrutura de repetição funcione para qualquer tamanho de lista, não sendo necessárias alterações no programa quando a lista mudar de tamanho facilitando, dessa forma, a manutenção do programa.

Exercícios

Utilizando a linguagem de programação Python, desenvolver as soluções para os problemas a seguir.

1) A partir da classe **Pessoa** definida anteriormente, elaborar uma rotina para exibir apenas os elementos cadastrados na lista **agenda** no qual o nome inicia-se com a letra 'R';

2) A partir da lista **agenda** definida anteriormente e considerando o atributo endereço, elaborar um programa que procure e exiba o nome das pessoas que moram em Jundiaí.

3) Alterar o programa de agenda de telefones, desenvolvido anteriormente, de modo a acrescentar o atributo DDD, levando em conta também o cadastro de, no máximo, 100 pessoas:

Nome	Endereço	DDD	Telefone
João	Rua das Flores, 100	11	3453-3455
Maria	Av. das Acácias, 123	19	3223-2545
Ana	Rua das Rosas, 48	11	45222300
José	Rua das Orquídeas, 26	15	45343422
Cristina	Av. das Margaridas, 1.100	11	4523-2323

4) Utilizando a lista **agenda**, elaborar uma rotina que, a partir de um nome digitado pelo usuário, mostre o DDD e o telefone da pessoa.

5) Utilizando a lista **agenda**, escrever uma rotina que mostre quantidade de pessoas cadastradas na agenda que possuem o DDD igual a 11.

6) Definir uma estrutura que permita armazenar o nome e as notas de alunos de uma determinada turma com 10 alunos, na qual, cada aluno possui duas notas. Em seguida, o programa deverá calcular e exibir o nome, a média final de cada um dos alunos indicando, caso a média seja menor que 6,0 (seis) que o aluno está reprovado, caso contrário, deveremos mostrar como aprovado.

7) Criar um programa que, a partir de uma relação de 100 veículos contendo modelo, ano de fabricação e cor, exiba quantos são da cor azul.

5.13. Procedimentos e Funções em Python

Na medida em que os programas vão se tornando mais complexos, torna-se necessário estruturar o código em partes menores com funcionalidades específicas. Dessa forma, podemos utilizar os conceitos de classes e métodos, já abordados previamente, para modularizar uma solução desenvolvida em Java. Outra vantagem consiste em permitir a reutilização de parte do programa, evitando assim que um mesmo trecho do código tenha que ser escrito várias vezes.

Como exemplo, vamos considerar uma aplicação que implemente uma calculadora simples, na qual o usuário escolherá qual das quatro operações aritméticas básicas será realizada. Em seguida, o programa realizará a leitura de dois números **float** e exibirá o resultado da operação escolhida.

Inicialmente vamos desenvolver a solução para o problema proposto aplicando o conceito de procedimentos. Definiremos o procedimento **somar** que irá receber, como parâmetro, dois números **float**, calcular e exibir o valor da soma, por exemplo:

python
```
def somar (valor1, valor2):
  print (valor1 + valor2)
```

Vamos, neste momento, adicionar a rotina principal que será responsável por chamar o procedimento **somar**.

python
```
#coding=iso-8859-1

def somar (valor1, valor2):
  print (valor1 + valor2)

fim = "n"
while fim == "n":
```

```python
numero1 = float(input("Digite um número: "))
numero2 = float(input("Digite outro número: "))
opcao = input("Digite a operação (+ - * /): ")
if opcao == "+":
   somar (numero1, numero2)
   fim = input("Deseja encerrar o programa (s/n)? ")
```

Agora vamos resolver esse mesmo problema de calculadora simples aplicando o conceito de funções. Desta maneira, vamos criar uma função que receba dois números como parâmetros, calcule a retorne o valor da soma, ou seja:

python
```python
def somar (valor1, valor2):
   return (valor1 + valor2)
```

A seguir, vamos desenvolver o conteúdo da rotina principal. Observe que, quando o usuário digitar o sinal de adição, a função **somar** será executada, conforme mostrado no código-fonte a seguir.

python
```python
#coding=iso-8859-1

def somar (valor1, valor2):
   return (valor1 + valor2)

fim = "n"
while fim == "n":
   numero1 = float(input("Digite um número: "))
   numero2 = float(input("Digite outro número: "))
   opcao = input("Digite a operação (+ - * /): ")
   if opcao == "+":
      print (somar (numero1, numero2))
   fim = input("Deseja encerrar o programa (s/n)? ")
```

Exercícios

Utilizando Python, desenvolver as soluções para os problemas a seguir.

1) Termine o exemplo da calculadora simples, desenvolvendo as funções que faltam: Subtrair, Multiplicar e Dividir.

2) Acrescentar ao exemplo da calculadora simples uma função para calcular o quadrado de um número real digitado pelo usuário.

3) Considerando o problema de conversão de temperatura já apresentando anteriormente, resolvê-lo aplicando o conceito de procedimentos. A partir de uma temperatura e opção de conversão fornecidas pelo usuário, realize conversão entre temperaturas, conforme ilustrado pela tabela a seguir. Após cada conversão, o programa deverá perguntar se o usuário deseja realizar uma nova conversão. Quando o usuário digitar "sim", uma nova temperatura e a opção de conversão deverão ser solicitadas, caso contrário, o programa deverá ser encerrado.

De	Para	Fórmula
Celsius	Fahrenheit	°F = °C × 1,8 + 32
Fahrenheit	Celsius	°C = (°F − 32) / 1,8
Celsius	Kelvin	K = °C + 273,15
Kelvin	Celsius	°C = K − 273,15
Fahrenheit	Kelvin	K = (°F + 459,67) / 1,8
Kelvin	Fahrenheit	°F = K × 1,8 − 459,67

Referências

ASCENCIO, A.; CAMPOS, E. **Fundamentos da Programação de Computadores: algoritmos, Pascal e C/C++ e Java.** Longman, 2007.

FORBELLONE, A.; EBERSPÄTCHER. **Lógica de programação: a construção de algoritmos e estruturas de dados.** 3ª ed. – São Paulo: Pearson Prentice Hall, 2005.

MARJI, M. **Aprenda a Programar com Scratch.** 1ª ed. – São Paulo: Novatec Editora, 2014.

MENEZES, N. **Introdução à programação com Python: Algoritmos e lógica de programação para iniciantes.** São Paulo: Novatec Editora, 2010.

OLIVEIRA, C.; LÜHMANN, A.; PETRONI, B. **Visual Studio C#: Fundamentos, programação com ASP.Net, Windows Forms e Web Services.** 1ª ed. – Rio de Janeiro: Editora Ciência Moderna, 2015.

OLIVEIRA, C.; LÜHMANN, A.; PETRONI, B; SCHUSTER, C. **Java: Fundamentos, programação para a Internet e desenvolvimento de aplicações com interface gráfica.** 1ª ed. – Jundiaí: Edições Brasil, 2015.

PUGA, S.; RISSETTI, G. **Lógica de programação e estruturas de dados, com aplicações em Java.** São Paulo: Pearson Prentice Hall, 2003.

Impressão e acabamento
Gráfica da Editora Ciência Moderna Ltda.
Tel: (21) 2201-6662